Christoph Besemer et al.

Politische Mediation

Prinzipien und Bedingungen gelingender Vermittlung in öffentlichen Konflikten

Werkstatt für
Gewaltfreie Aktion
Baden

Stiftung
Mitarbeit

Arbeitshilfen für Selbsthilfe- und Bürgerinitiativen Nr. 47

Herausgeberinnen

Stiftung Mitarbeit
Ellerstr. 67
53119 Bonn
Telefon (02 28) 6 04 24-0
Telefax (02 28) 6 04 24-22
E-Mail: info@mitarbeit.de
Web: www. mitarbeit.de
        www.buergergesellschaft.de
        www.netzwerk-buergerbeteiligung.de

Werkstatt für Gewaltfreie Aktion, Baden
Büro Freiburg
Vaubanallee 20
79100 Freiburg
Telefon (07 61) 4 32 84
E-Mail: buero.freiburg@wfga.de
Web: www.wfga.de

Arbeitshilfen für Selbsthilfe- und Bürgerinitiativen Nr. 47

Redaktion: Christoph Besemer, Hanns-Jörg Sippel
Umschlag: bamberg-guide/photocase.de (großes Foto),
Quartiersarbeit Vauban
Layout: Stiftung Mitarbeit
Druck: In Puncto Druck und Medien GmbH, Bonn
Verlag Stiftung Mitarbeit
ISBN 978-3-941143-17-3

Bonn 2014

Inhalt

Vorwort

Große Hoffnungen und Erwartungen löst das Versprechen aus, dass zukünftig die Bürger/innen bei der Planung von Großprojekten und umstrittenen Einrichtungen von Anfang an ernsthaft einbezogen werden sollen.[1] Die Zeiten, in denen Bürgerinitiativen und Umweltverbände jahrelang – oft erfolglos – gegen Atomkraftwerke, Flughäfen, neue Startbahnen, Straßen, Tiefbahnhöfe, Industrieanlagen und überdimensionierte Vorzeigeprojekte ankämpfen mussten, scheinen der Vergangenheit anzugehören. Eskalationen, brutale Polizeieinsätze, Sachschäden und Verletzte – alles Schnee von gestern?

Es ist einleuchtend, dass die Einbeziehung aller Interessengruppen schon in der Planungsphase eines Projektes zu besseren Ergebnissen mit höherer Akzeptanz führt. Und doch wird es immer wieder auch zu Situationen kommen, in denen sich Gegner/innen und Befürworter/innen unversöhnlich gegenüber stehen. Das kann daran liegen, dass der Beteiligungsprozess einseitig war, mangelhaft durchgeführt wurde, keine Einigung erbrachte oder der Kampf ums Ganze doch verlockender erscheint als ein lauer Kompromiss. Außerdem wird es auch in Zukunft Menschen geben, die sich aus Bequemlichkeit, mangelndem Interesse oder fehlender Informiertheit nicht beteiligen oder nicht rechtzeitig beteiligt haben. Zudem lehnen es manche auch prinzipiell ab, sich mit den Gegner/innen an einen Tisch zu setzen. Und schließlich gibt es auch (Landes-)Regierungen, die trotz ihrer Politik der Einbeziehung der Bürger/innen im Ernstfall doch lieber auf ihr oder das Recht des Parlaments pochen, Entscheidungen nach ihrem Gusto zu treffen.[2] Konflikte wird es also auch weiterhin geben.

An dieser Stelle setzt das Anliegen dieses Buches an: Denn eskalierte Konflikte im politischen Raum lassen sich kaum mit den Methoden der frühen Bürgerbeteiligung lösen. Es braucht

---

[1] Vgl. die »Politik des Gehörtwerdens« des Ministerpräsidenten Winfried Kretschmann in Baden-Württemberg.

[2] Vgl. den Konflikt um den Nationalpark im Nordschwarzwald – siehe auch Kapitel »Gehört werden, aber nicht mitentscheiden«, S. 85 in diesem Buch

ein anderes oder zusätzliches Instrumentarium, andere Rahmen-Bedingungen, eine andere Haltung und andere Vorgehensweisen.

Wie ein gelingender Vermittlungs-Prozess aussehen kann, ist weithin unbekannt – nicht nur, weil es nur wenige erfolgreiche Beispiele gibt, sondern auch, weil über Positivbeispiele weniger berichtet wird als über gescheiterte oder umstrittene Vermittlungsversuche. Auch in den Protestbewegungen wird eher über die Misserfolge diskutiert als über positive Erfahrungen und neue Konzepte.

Die vorliegende Veröffentlichung möchte den Prozess der Weiterentwicklung und aktiven Gestaltung von konstruktiven Konfliktlösungsverfahren vorrangig durch die zivilgesellschaftlichen Gruppen unterstützen. Aus grundsätzlichen Einsichten und aus den praktischen Erfahrungen von Vermittler/innen oder Mediator/innen und sozialen Bewegungen werden in Teil 1 dieser Publikation die wichtigsten Eckpunkte und Kriterien für gelingende Konfliktvermittlung im politischen Raum formuliert und zur Diskussion gestellt. Dieser Prozess ist damit nicht abgeschlossen. Die Ergebnisse müssen sich in der Praxis bewähren und ggf. korrigiert oder ergänzt werden.

In Teil 2 werden acht Praxisbeispiele politischer Mediation aus dem deutschsprachigen Raum von verschiedenen Autor/innen vorgestellt und reflektiert. Die Erkenntnisse aus dem ersten Teil sind u.a. von diesen Erfahrungen abgeleitet oder finden sich in diesen wieder. Die Fallbeispiele sollen darüber hinaus dem Mangel an positiven Berichten über gelungene Konfliktvermittlungen entgegen wirken.

Neben Fachliteratur und Erkenntnissen aus praktischer Moderations- und Mediationsarbeit haben also vor allem die konkreten Erfahrungen mit »Runden Tischen«[3], die u.a. in der Fachtagung »Vermittlung in politischen Konflikten« im April 2012 in Stuttgart ausgewertet wurden, zu den vorliegenden Ergebnissen beigetra-

---

3   Der Begriff »Runder Tisch« wird hier als Überbegriff für verschiedenste Formen der Konfliktbearbeitung im politischen Raum verwendet, bei denen die Konfliktparteien gemeinsam eine Lösung in einer schwierigen, zugespitzten Situation suchen.

gen. Diese Tagung wurde von der Werkstatt für Gewaltfreie Aktion, Baden und dem Friedensbildungswerk Köln in Kooperation mit der Heinrich Böll Stiftung Baden-Württemberg und weiteren acht Trägerorganisationen[4] durchgeführt.

An dieser Stelle sei den Förder/innen dieser Fachtagung und dieser Publikation Dank ausgesprochen! Es sind dies: die Stiftung Mitarbeit, die Heinrich Böll Stiftung Baden-Württemberg und die Aktionsgemeinschaft Dienst für den Frieden (AGDF).

---

[4] Diese waren: Institut für konstruktive Konfliktaustragung und Mediation, Hamburg, Stiftung Mitarbeit, Mehr Demokratie e.V., Bundesverband Mediation, MediationsAllianz Baden-Württemberg, Windrose – Trainings für gewaltfreies Handeln, ausgestrahlt, Stuttgart-Ökologisch-Sozial (SÖS).

Erfolgsbedingungen politischer Mediation

Allgemeines zu Konflikt und Konfliktbearbeitung

Verfahrensmodelle zur Konfliktlösung

Konflikte im privaten wie im politischen Bereich können zu dramatischen Eskalationen führen.[5] Aus Angst vor diesen Folgen wird zuweilen die Austragung der Konflikte durch Nachgeben oder Flucht vermieden. Dies jedoch schafft oder zementiert in der Regel Unrecht und Gewalt. Im Rechtsstaat kann durch Gesetze, Rechtsprechung, Polizei und Gefängnisse vielfach eine weitere Eskalation (vorerst) verhindert werden, die unterlegene Seite wird dadurch jedoch nicht zufrieden gestellt, besonders wenn sie mit Gewaltmaßnahmen »in die Schranken verwiesen« wurde. Der Konflikt wird dadurch nicht gelöst, sondern nur »entschieden«. Er schwelt weiter und kann (wird) an anderer Stelle wieder aufflammen – mit ähnlichen negativen Auswüchsen...

Eine Lösung aus diesem Kreislauf der Gewalt kann nur der konstruktive Umgang mit dem Konflikt bringen. Dieser ist gekennzeichnet durch einen Verzicht auf Zwangsmaßnahmen, einen respektvollen Dialog auf Augenhöhe und die Suche nach Lösungen, die von allen Beteiligten mitgetragen werden können. Dies sind die Grundlagen für verschiedene Verfahren der einvernehmlichen Konfliktaustragung:

- **Direktverhandlungen zwischen den Konfliktparteien**, wenn sie einander ebenbürtig sind oder die stärkere Seite auf ihre Sanktions- und Entscheidungsmacht verzichtet.

- **Beratung und Therapie**, wenn dabei alle Streitparteien einbezogen werden und gewährleistet ist, dass die Lösungen nicht von den Beratenden oder Therapierenden vorgegeben werden.

- **Moderation** als Form der Verhandlung, die durch eine neutrale Drittpartei unterstützt wird. Dabei geht es in erster Linie um die Sachebene eines Konfliktes.

---

[5] Über Konflikte und den Zusammenhang zwischen Konflikt und Gewalt ist viel veröffentlicht worden. Dies soll hier nicht systematisch dargestellt werden. Diesem Text ist ein Konfliktverständnis zugrunde gelegt, das sich an Friedrich Glasl (Konfliktmanagement), Pat Patfoort (Sich verteidigen ohne anzugreifen) und Christoph Besemer (Konflikte verstehen und lösen lernen) anlehnt.

- **Mediation** als externe, allparteiliche Unterstützung für Konflikte, bei denen starke Emotionen und Beziehungsblockaden eine sachgerechte Problemlösung erschweren oder verhindern, und für eskalierte Auseinandersetzungen.

- **Vergleich**, wie er bei Gerichtsverfahren von Richter/innen häufig angeregt oder in Güteterminen angestrebt wird, um ein Urteil überflüssig zu machen.

- **Schlichtung**[6] **oder Schiedsgericht**, wenn die Konfliktbeteiligten bereit sind, sich darauf einzulassen, dass der Lösungsvorschlag von externen Personen erarbeitet wird.

  - Dabei wird unterschieden zwischen **nicht-bindenden** und **bindenden** Schiedssprüchen: Im ersteren Falle können die Beteiligten wählen, ob sie den Schiedsspruch annehmen wollen oder nicht.
    Im anderen Fall haben sich die Beteiligten darauf eingelassen, dass der Schiedsspruch zu einer rechtlichen Bindung wie bei einem Gericht führt und müssen den Spruch annehmen.

Die direkte Verhandlung zwischen zwei Streitparteien ist der häufigste und angebrachteste Weg, mit einem Konflikt umzugehen. Sie kann unmittelbar aufgenommen werden, erfordert keinen aufwändigen organisatorischen Vorlauf, kostet nichts und ist im höchsten Maße selbstbestimmt.

Da in festgefahrenen oder eskalierten Konflikten die Konfliktparteien jedoch meist nicht mehr ohne externe Unterstützung weiterkommen, jegliche inhaltliche Einmischung als Parteilichkeit und Untergrabung der Autonomie wahrgenommen wird, ist für diese Situation die Mediation das hilfreichste Verfahren. Die Unterschiede zu den anderen Mitteln der Wahl sollen deshalb kurz dargestellt werden.

---

[6]   Die »Schlichtung Stuttgart 21« war streng genommen keine Schlichtung, sondern wie Heiner Geißler es ausdrückte ein »Fakten-Check« – allerdings mit einem (unerwarteten) Schlichterspruch am Ende.

Prinzipien und Ablauf einer Mediation

Das Hinzutreten einer vermittelnden Person bedarf einiger Vorraussetzungen, damit es wirklich eine Hilfe ist und nicht den Konflikt nur verkompliziert. Folgende Kriterien sollten berücksichtigt werden, wobei die Praxis lehrt, dass sie nicht immer hundertprozentig erfüllt sein können. Wichtig ist jedoch, dass sie bekannt sind und etwaige Abweichungen die Zustimmung der Betroffenen finden.

Einbeziehung aller Konfliktparteien

Bei der Konfliktklärung durch Mediation geht es darum, alle relevanten Konfliktbeteiligten miteinander ins Gespräch zu bringen, um eine einvernehmliche Lösung zu erreichen. Dies ist anders als bei Therapie, Beratung und Coaching, die in der Regel nur mit einer Person arbeiten. Es müssen also alle Konfliktparteien anwesend sein oder per Pendelmediation in Kontakt gebracht werden. Fehlen einzelne Streitparteien, kann der Konflikt mit ihnen auch nicht gelöst werden – außer sie akzeptieren das mit den anderen Beteiligten ausgehandelte Ergebnis.

Neutralität und Allparteilichkeit

Vermittler/innen sollten nicht in den Konflikt verwickelt oder von dessen Ausgang betroffen sein. Denn dies könnte ihre Unparteilichkeit einschränken. Bei der Auswahl einer geeigneten Person werden die Streitenden sehr darauf achten, dass die Vermittler/innen nicht im Verdacht stehen, einer Seite näher zu stehen und sie zu begünstigen. Die Neutralität ist deshalb oberstes Gebot. Sie bezieht sich auf die Sachebene. Den Personen dagegen sollte ein warmherziges Interesse entgegen gebracht werden. Da diese Zugewandtheit allen Beteiligten gelten muss, spricht man auch von Allparteilichkeit.

Freiwilligkeit oder Bereitschaft

Mediation darf nicht aufgezwungen werden. Eine freiwillige Teilnahme ist die beste Voraussetzung für einen produktiven und gelingenden Prozess. Allerdings kann es Situationen geben, in denen diese Freiwilligkeit nicht oder nur eingeschränkt gegeben ist und Mediation trotzdem besser ist als Weitermachen wie bisher. Bei Teamkonflikten im Arbeitsleben wird in der Regel die Teilnahme aller Mitglieder erwartet, zumal wenn die Mediation in der Arbeitszeit stattfindet. Die Nichtteilnahme einer (wichtigen) Person kann das ganze Team lahm legen.

Andererseits bringt es auch nicht weiter, eine widerspenstige Person in das Verfahren hineinzuzwingen. Deshalb muss es zumindest gelingen, wenn schon nicht die Freiwilligkeit gegeben ist, zumindest die Bereitschaft zu erreichen, sich auf den Prozess (erst einmal) einzulassen und nicht dagegen zu arbeiten. Ein Ausstieg zu einem späteren Zeitpunkt ist immer möglich und gehört zu dem Aspekt der Freiwilligkeit dazu.

Inwieweit Freiwilligkeit mit Freiheit von Druck gleichgesetzt werden kann, ist fraglich. Denn jeder Konflikt ist auch eine Situation voll psychischen Drucks. Auch kann schon allein die Nichtteilnahme an einem gütlichen Einigungsversuch bedeuten, dass die regulär vorgesehenen Sanktionen greifen. Dies kann eine Abmahnung oder Kündigung bei Arbeitskonflikten oder eine vom Gericht verhängte Strafe bei Tätern sein, die sich auf keinen Täter-Opfer-Ausgleich einlassen wollen.

Bei ungleichen Konfliktparteien kann es sogar nötig sein, dass die schwächere Seite Druck erzeugt, damit sie als Verhandlungspartnerin ernst genommen wird. Dieser Druck darf jedoch nicht verwechselt werden mit Zwangsmaßnahmen, die nicht auf eine Lösung im Dialog abzielen.

Vertraulichkeit

Damit in der Mediation offen und ohne Angst vor Gesichtsverlust und negativen Konsequenzen geredet werden kann, werden die Gesprächsinhalte von den Mediator/innen vertraulich behandelt. Wie die Konfliktbeteiligten mit dem Gehörten umgehen, müssen sie miteinander zu Beginn aushandeln. Manchmal vereinbaren sie auch Verschwiegenheit nach außen hin, manchmal gestehen sie sich gegenseitig zu, mit nahen Vertrauten über die Mediation zu reden. Wichtig ist auf jeden Fall, dass mit den Informationen, die aus der Mediation gewonnen werden, so achtsam umgegangen wird, wie man es sich auch von der anderen Person wünscht.

14

Selbstverantwortung und eigene Lösungen

Mediation belässt die Lösungsfindung und Entscheidungsgewalt in den Händen der Konfliktparteien. Sie zielt nicht auf ein von den Mediator/innen ausgearbeitetes Ergebnis ab. Die Mediator/innen sind also für den Prozess zuständig, die Konfliktbeteiligten für die Inhalte. Dies gewährt den Teilnehmer/innen ein Höchstmaß an Autonomie, was das Ergebnis des Vermittlungsprozesses angeht.

Einvernehmliche Entscheidungen

Ein Konflikt ist erst dann gelöst, wenn alle Beteiligten der Lösung zustimmen, sie mittragen und auch umsetzen. Das bedeutet, dass es in Mediationen keine Mehrheitsentscheidungen gibt, es sei denn, man einigt sich darauf. Im klassischen Fall der Zweiparteien-Mediation ist auch keine andere Lösung denkbar als die Konsenslösung, weil es keine »Mehrheit« geben kann.

Dieses Konsens-Prinzip ist auch eine wichtige Sicherheit für »schwächere« Teilnehmer/innen oder Minderheiten, dass sie nicht »über den Tisch gezogen« werden können. Denn die anderen sind auf ihre Zustimmung angewiesen. Jeder Versuch, »handlungsfähig« zu werden durch Einführung von Mehrheitsabstimmungen, bedeutet immer auch etwas weniger an Konfliktlösung und letztlich auch die Ausgrenzung der Minderheiten.

Konfliktlösung durch Mediation im Unterschied zu Moderation

Konflikte sind gekennzeichnet durch einen Beziehungsaspekt, der sich durch negative Gefühle der anderen Seite gegenüber ausdrückt, und einem Sachaspekt, der sich in einem ungelösten Problem zeigt, was oft auch als »Interessenkonflikt« bezeichnet wird.

Handelt es sich um ein reines Sachproblem, reicht als Unterstützung meist eine unparteiliche Moderation aus, in der Interessen hinter den Positionen herausgearbeitet und kreative, einvernehmliche Lösungen erarbeitet werden. Dass es dabei mitunter auch zu emotionalen Ausbrüchen kommt, die eher situationsbezogen sind (»Stresskonflikte«), ist normal. Diese können jedoch durch eine geschickte Moderation aufgefangen werden.[7]

Schwieriger wird es, wenn die Beteiligten bereits mit ablehnenden Einstellungen und Gefühlen dem/der anderen gegenüber an den Verhandlungstisch kommen. Diese können aus negativen Vorerfahrungen oder eskaliertem Konfliktaustrag resultieren. Eine Übereinkunft kann dadurch in weite Ferne rücken, selbst wenn es (scheinbar) einfache Lösungsmöglichkeiten gibt. Der Grund liegt darin, dass das Gefühl, verletzend oder unfair behandelt worden zu sein, jegliche Kooperationsbereitschaft untergräbt. Der anderen Person wird keine wohlmeinende Absicht abgenommen, zumindest wird eine glaubwürdige Entschuldigung erwartet, der auch entsprechende Taten folgen. Da dies wechselseitig der Fall ist, blockiert diese Beziehungskonstellation jedes Vorankommen auf der Sachebene.

Mediation setzt im Unterschied zur Moderation an dieser Stelle an und thematisiert diese Vorgeschichte mit den daraus entspringenden heftigen Gefühlen und Misstrauen gegenüber der anderen Seite. Diese Verletzungen werden anerkannt und ihre Hintergründe ausgeleuchtet. Interpretationen von Handlungen der Gegenseite werden bewusst gemacht und überprüft, Missverständnisse aufgedeckt und die nicht erfüllten Erwartungen und Bedürfnisse herausgearbeitet. Dadurch kann bei der jeweils anderen Konfliktpartei ein gewisses Verständnis für die Gefühle und das Verhalten des Gegenübers entstehen. Verstehen muss dabei nicht Gutheißen bedeuten. Da dieser Prozess wechselseitig abläuft, kann eine Auflockerung der Verstrickungen erreicht werden bis hin zur Bereitschaft, sich nun wirklich konstruktiv an einer gemeinsamen Lösungsfindung zu beteiligen. An dieser Stelle setzt dann auch in der Mediation die moderative Arbeit an den Sachthemen ein. Mediation kann also als ein Gemisch von Beziehungsklärung und Moderation angesehen werden.[8]

---

[7] Vgl. Werkstatt für Gewaltfreie Aktion, Baden (Hrsg.): Konsens. Handbuch für gewaltfreie Entscheidungsfindung, Gewaltfrei Leben Lernen e.V., Karlsruhe 2004, S. 117ff.

[8] Der detaillierte Ablauf einer Mediation findet sich in: Christoph Besemer: Mediation. Die Kunst der Vermittlung in Konflikten, Gewaltfrei Leben Lernen e.V., Karlsruhe 2009.

Unterschiede Bürger/innenbeteiligung/Moderation – Konfliktklärung/Mediation[*]	
Bürgerbeteiligung/ Moderation	**Konfliktklärung/Mediation**
Ergebnisoffenheit, falls frühzeitig eingesetzt	meist eingeschränkte Ergebnisoffenheit
Im Idealfall Planung noch nicht abgeschlossen	Planung (weitgehend) abgeschlossen
Noch kein Baubeginn	Baubeginn
Noch keine Kosten für Projektrealisierung entstanden	Kosten für Projektrealisierung entstanden
Keine organisierte Protestbewegung gegen dieses Projekt	Organisierte Protestbewegung gegen dieses Projekt
Keine Polizeieinsätze, Urteile, Strafen, Repressionen gegen Protestierende	Polizeieinsätze, Urteile, Strafen, Repressionen gegen Protestierende
Noch keine schlechten Erfahrungen (in dieser Sache) mit der anderen Seite	Schlechte Erfahrungen (in dieser Sache) mit der anderen Seite
Keine oder geringe emotionale Aufladung	Hohe emotionale Aufladung
Vertrauen noch vorhanden	Misstrauen
Keine Feindbilder, Höflichkeit	Feindbilder, Feindseligkeit
Gesprächsbereitschaft	Beschränkte Gesprächsbereitschaft
Guter Wille	Verhärtungen
Hoffnung auf gutes gemeinsames Ergebnis	Wenig Glauben an ein gemeinsames Ergebnis
	Betroffenheit über Eskalation
	Evtl. Rückkehr zu Ergebnisoffenheit

[*]   Diese Gegenüberstellung ist modellhaft, sie bildet nicht die gegenwärtige Praxis ab.

Unterschiede Bürger/innenbeteiligung/Moderation – Konfliktklärung/Mediation	
Bürgerbeteiligung/ Moderation	Konfliktklärung/Mediation
	Evtl. Eingeständnisse, Entschuldigungen
	Evtl Wunsch nach Aussöhnung und Neuanfang
Fokus auf Zukunft	Fokus auf Vergangenheit und Zukunft
	Menschliche Ebene
	Persönliche Ebene, Gefühle, Beziehungsebene, Gefühle, Grundsätze, Werte, Bedürfnisse
Sachebene	Sachebene
Interessen	Interessen

Besonderheiten bei politischen Konflikten und deren Bearbeitung

Das hier beschriebene Modell der Mediation hat sich in privaten Konflikten und in Auseinandersetzungen in Gruppen, Teams und Organisationen bewährt. Lässt es sich auch auf das Feld der politischen Konflikte übertragen?

Als »politische Konflikte« seien hier Streitfragen bezeichnet, die von öffentlichem Interesse sind und zwischen verschiedenen Gruppierungen innerhalb eines Gemeinwesens angesiedelt sind. Dies kann auf der Ebene der Gemeinden, der Regionen, der Bundesländer oder eines ganzen Staates sein. Internationale Konflikte seien hier ausgeklammert, es geht in dieser Veröffentlichung um innergesellschaftliche Konfliktregelung. Eine Übertragung auf grenzüberschreitende Konflikte – wie etwa der Streit um die Einflugschneisen des Züricher Flughafens – ist jedoch nicht abwegig.

Politische Konflikte haben in der Regel eine größere Reichweite als andere Konflikte und sind meist verbunden mit politischen Entscheidungen in Parlamenten und Verwaltungen. Es gibt mehr Konfliktbeteiligte und es geht um größere Projekte mit höheren Ausgaben und gravierenderen Auswirkungen auf Natur und Umwelt. Bekannt sind vor allem die Konflikte um Projekte wie Flughafenbau und neue Landebahnen, Autobahnen und Umgehungsstraßen, Bahnhöfen und Zugtrassen, atomare oder konventionelle Großkraftwerke, Atommüll und Sondermülldeponien, Militäranlagen, Gestaltung von Innenstädten, größere Fabrikansiedlungen und Veranstaltungsgebäude, Flüchtlingswohnheime, Studiengebühren, Kleingärten.

Eine Konfliktbearbeitung muss in diesen Fällen folgende zusätzliche Rahmenbedingungen und Erschwernisse beachten[9]:

- **Große Anzahl an Konfliktbeteiligten und Betroffenen**
  Da Mediation eine intensive Gesprächsarbeit mit allen Beteiligten erfordert, darf die Mediationsgruppe nicht zu groß sein. Das bedeutet, dass bei politischen Konflikten nicht alle vom Streit Betroffenen mit am Tisch sitzen können. Die Gruppen müssen Vertreter/innen zu den Verhandlungen schicken.

---

[9] Vgl. Christoph Besemer: Mediation. Die Kunst der Vermittlung in Konflikten, Gewaltfrei Leben Lernen e.V., Karlsruhe 2009, S. 176 ff. und 142 ff.

Die Versuchung, aus Gründen der Verfahrensvereinfachung bestimmte Konfliktparteien nicht zu beteiligen, ist gefährlich: Neue Konflikte werden dadurch vorprogrammiert und das Verhandlungsergebnis wird vermutlich von den Nichtbeteiligten torpediert werden.

Selbst wenn nicht alle Konfliktparteien an der Mediation teilnehmen wollen, kann jedoch unter Umständen ein sinnvolles Ergebnis erzielt werden, wenn zumindest die Hauptbetroffenen vertreten sind und die Interessen der Abwesenden mitberücksichtigt werden.

- **Delegation und Entscheidungsbefugnisse von Gruppenvertreter/innen**
  Die Gruppen müssen fähig sein, Vertreter/innen zu bestimmen, die das Vertrauen der ganzen Gruppe haben. Der Informationsfluss und die Rückkopplung zur Gruppe müssen gewährleistet sein. Denn ein Verhandlungsergebnis, das nur die Meinungen und Wünsche der Vertreter/innen widerspiegelt, nutzt nichts. Die vertretenen Gruppen müssen damit einverstanden sein.

  Sofern die Gruppen nicht zu groß sind, könnte das Mediationsgespräch in Form eines »Fishbowls« stattfinden: Das bedeutet, dass um die Mediationsgruppe herum Beobachter/innen sitzen, die aber nicht in das Gespräch eingreifen dürfen.

  Vorteil: Die Gruppenmitglieder bekommen direkt mit, was und wie verhandelt wird. Übermittlungsfehler können ausgeschaltet werden. Rücksprachen in Pausen sind möglich.

  Nachteil: Der nicht-öffentliche, vertrauliche Charakter des Mediationsgespräches wird gestört. Die Gefahr von Störungen und »Schaukämpfen« ist gegeben.

  Variationsmöglichkeit: Die beobachtenden Gruppenmitglieder bekommen die Möglichkeit, notfalls auch selbst in das Gespräch einzugreifen, indem sie einen von zwei oder drei offenen Plätzen am Mediationstisch einnehmen und dadurch Teil der Gesprächsrunde werden. Anschließend machen sie den Platz wieder frei.

- **Berücksichtigung der »schweigenden« Bevölkerungsteile**
Nicht nur die organisierte Bürgerschaft soll mitreden oder
berücksichtigt werden, sondern auch die »schweigende« –
seien es Mehr- oder Minderheiten. Dazu gibt es verschiedenste Verfahren, die auf Zufallsauswahl oder Repräsentativität
beruhen.[10]

Diese könnten vor allem in der Phase der Lösungsfindung mit
dem Mediationsverfahren verzahnt werden.

- **Öffentliches Interesse und Vertraulichkeit**
Die Vertraulichkeit eines Privatgespräches lässt sich in politischen Streitfällen kaum verwirklichen. Denn die Verhandelnden müssen sich mit ihrer Gruppe absprechen, die unter Umständen recht groß sein kann. Außerdem kann – besonders bei
eher informellen Gruppen wie etwa Bürgerinitiativen – nicht
unbedingt gewährleistet werden, dass niemand Informationen nach außen trägt.

Wichtig ist es auch, den Umgang mit den öffentlichen Medien
abzuklären: In welcher Weise werden sie informiert? Dürfen
Pressevertreter/innen bei den Gesprächen dabei sein? Soll es
eine TV-Live-Übertragung geben (wie bei der »Schlichtung
Stuttgart 21«)?

Hilfreich ist es, wenn der Verhandlungsprozess nicht durch
direkte, verfrühte oder emotionalisierende Berichterstattung
gestört wird.

Um einen Ausgleich zwischen öffentlichem Interesse und
Vertraulichkeit der Gespräche zu schaffen, könnten bestimmte Teile des Verfahrens – z.B. die Darlegung der Sichtweisen
und die kreative Lösungsfindung – öffentlich stattfinden,
andere Teile – wie z.B. die Klärung emotional aufgeheizter
zwischenmenschlicher Konflikte oder evtl. das Aushandeln der
Übereinkunft – nichtöffentlich stattfinden oder in vertrauliche
Gesprächsrunden ausgelagert werden.

---

[10] Zum Beispiel Anwaltsplanung, Bürgerpanel, Planungszelle, Bürgerforum: vgl.
Stiftung Mitarbeit (Hrsg): Praxis Bürgerbeteiligung. Ein Methodenhandbuch, Bonn
2009 (3. Aufl.).

- **Anderer Stellenwert von persönlichen Gefühlen und Beziehungen**

  Die Tatsache, dass bei politischen Konflikten Gruppen miteinander ins Gespräch kommen müssen, dies jedoch oft nur mittels delegierter Einzelpersonen möglich ist, verändert den Stellenwert von persönlichen Beziehungen und Gefühlen bei solchen Gesprächen: Es geht bei den Verhandlungen mehr um die Interessen der im Konflikt liegenden Gruppen als um die Befindlichkeit ihrer Vertreter/innen. Zwar sind diese als Störungen oder Beeinflussungsfaktoren im Mediationsgespräch zu berücksichtigen und zu bearbeiten, aber was die Personen an den Tisch zusammenbringt, ist letztlich kein Konflikt, der in ihrer persönlichen Beziehung liegt, sondern einer, der an ihre soziale Rolle gebunden ist.

  Mögliche Annäherungsprozesse über den Weg des gegenseitigen persönlichen Verstehens der Beteiligten sind jedoch hilfreich, wenn dieses persönliche Verständnis oder das darauf beruhende Verhandlungsergebnis auch der eigenen Gruppe vermittelt werden kann. Andernfalls könnte es dazu führen, dass die Vertreter/innen das Vertrauen der Gruppe verlieren und ausgewechselt werden.

  Das Ansprechen von Gefühlen kann eine veränderte Sichtweise des Konflikts bewirken. Wenn diese Gefühlslage der gesamten Gruppe zu eigen ist, gehört dies unbedingt auch zur Konfliktbearbeitung. Geht es allerdings um die private Gefühlslage des/der Verhandelnden ist zu prüfen, ob diese Person seine Gruppierung (noch) in geeigneter Weise vertreten kann.

- **Machtungleichheit**

  Die beste Voraussetzung für eine Mediation ist, wenn die Beteiligten nicht die Möglichkeit haben, aufgrund ihrer Machtposition ihre Lösungsvorstellungen einseitig gegen die anderen durchzusetzen. Dies trifft auf politische Konflikte oft nicht zu, denn sie sind in der Regel von strukturellen Machtungleichgewichten geprägt oder sogar verursacht. Trotzdem ist es möglich auch in diesem Fall zu vermitteln, wenn das Machtungleichgewicht durch »Macht von unten« neutralisiert werden kann oder wenn die machtvollere Seite aus Einsicht auf die Ausübung ihrer Macht verzichtet. Im Mediationsgespräch selbst muss eine gewisse Gleichheit geschaffen sein, da sich sonst die Ungleichheit in den Vereinbarungen wiederfindet – falls es überhaupt bis zu diesem Punkt kommt.

Im Rahmen einer »Vormediation« können Mediator/innen oder andere Personen als Konfliktberater/innen tätig werden. Sie können der schwächeren Partei behilflich sein, ihre organisatorische Struktur zu verbessern, ihre Stärken zu erkennen und Alternativen zu entwickeln, falls das Mediationsgespräch nicht befriedigend verläuft. Wenn eine »beste Alternative« zur Verhandlungsübereinkunft [11] vorhanden ist, lässt man sich nicht so leicht unter Druck setzen und kann selber die Grenzlinie bestimmen, ab wann die Verhandlungen abgebrochen werden. Es kann ausreichen, die »schwächere Partei« auf ihre Handlungsmöglichkeiten aufmerksam zu machen, die sie bereits hat (z.B. juristischer Weg). Die Konfliktberatung kann sich jedoch auch auf eine Beratung darüber erstrecken, wie ihre Gegenmacht durch gewaltfreien Widerstand und Vergrößerung des Bündnisses gesteigert werden kann.

Die Konfliktberatung für die stärkeren Parteien sollte eine Analyse beinhalten, warum es für sie vorteilhaft oder notwendig ist, an dem Mediationsprozess teilzunehmen. Dazu gehört auch eine Analyse der alternativen Handlungsmöglichkeiten der Gegenseite und was das für den Konfliktverlauf bedeuten würde. Wenn die mächtigere Seite ohnehin ihre Interessen auch so durchsetzen könnte, warum lässt sie sich auf Verhandlungen ein? Wenn sie sich davon einen Vorteil erhofft, wird sie das Scheitern der Mediation nicht ohne weiteres riskieren!

Versucht die mächtigere Seite trotz allem, ihre Macht auszuspielen und die Gegenseite vermag darauf nicht angemessen zu reagieren, sollten die Mediator/innen die Verhandlungen unterbrechen.

---

[11] Vgl. Roger Fisher/ William Ury: Das Harvard-Modell. Sachgerecht verhandeln – erfolgreich verhandeln, Frankfurt a.M./New York 1984, S. 145ff.

In Einzelgesprächen sollten sie dann den Druck Ausübenden die Vor- und Nachteile ihres Verhaltens deutlich machen und nachfragen, ob sich die ursprüngliche Motivation, an der Mediation teilzunehmen, mittlerweile verändert hat.

In Einzelgesprächen mit den bedrängten Parteien können diese nochmals auf ihre »besten Alternativen« aufmerksam gemacht werden, so dass sie sich dem Druck nicht schutzlos ausgeliefert sehen. Diese Gespräche könnten auch von den ursprünglichen Konfliktberater/innen (falls es nicht die Mediator/innen selbst waren) durchgeführt werden. Dann wäre es allerdings hilfreich, wenn diese an den Mediationssitzungen beobachtend teilnehmen können.

Eine letzte Möglichkeit ist es, dass die schwächeren Parteien die Mediation abbrechen.

- **Widerstand statt Verhandlungen?**
  Jede Seite muss sich gut überlegen, ob eine Verhandlungslösung wirklich in ihrem Interesse liegt: Die mächtigere Seite könnte ihre Vorhaben einfach gegen die Widerstände durchsetzen. Die schwächere Seite wird sich vielleicht eher durch Öffentlichkeitsarbeit und Aktionen stärken wollen – in der Hoffnung, ihre Sache letztendlich doch durchsetzen zu können. Aber auch bei einer Teilnahme an Dialogprozessen kann es für die strukturell unterlegenen Bürgergruppen sinnvoll sein, durch Widerstand einen Machtzugewinn zu erreichen, um als Verhandlungspartner/innen ernst genommen zu werden.

- **Wertekonflikte**
  In politischen Konflikten stehen sich meist Gruppierungen mit verschiedenen Wertesystemen gegenüber, seien sie in einer politischen Anschauung, Ideologie, Religion oder der Zugehörigkeit zu einer bestimmten Kultur begründet. Sachauseinandersetzungen bekommen dadurch schnell etwas Grundsätzliches, was eine Lösung schwer macht. Wertekonflikte werden meist sehr emotional ausgetragen. Das Gegenüber wird oft als »Gegner« oder als »Feind« mit unlauteren Absichten gesehen, es herrscht ein großes Misstrauen.

Auflösbar ist diese Situation nur, wenn nicht die Wertesysteme der Konfliktparteien zum Thema gemacht und in Frage gestellt werden, sondern bestimmte Verhaltensweisen und Handlungsvorhaben, die sich daraus ergeben und von den anderen als Beeinträchtigung erlebt werden. Auf dieser konkreten, eingegrenzten Sachebene lassen sich Konflikte auch von Menschen oder Gruppen mit verschiedenen Werten konstruktiv bearbeiten und lösen. Im Prozess einer vertrauensvollen Zusammenarbeit wird auch manches Feindbild relativiert werden und Verständnis für die andere Seite wachsen

- **Formelle Entscheidungswege und Legitimation von Verhandlungslösungen**
  Politische Entscheidungen werden in parlamentarischen Demokratien von den gewählten Volksvertreter/innen getroffen. In Ausnahmefällen auch in Volksabstimmungen oder durch höchstrichterliche Urteile. Eine gesetzgebende Kraft von Runden Tischen ist nicht vorgesehen. Das bedeutet, dass deren Verhandlungsergebnisse durch die formellen Entscheidungsträger/innen gebilligt und beschlossen werden müssen. Am Anfang eines Vermittlungsverfahrens ist deshalb zu prüfen, ob und wie die Ergebnisse rechtliche Verbindlichkeit erlangen können. Selbst wenn dies gewährleistet ist, kann es sein, dass durch Neuwahlen andere Regierungsmehrheiten entstehen, die sich an Absprachen der vorangegangenen Regierung nicht gebunden fühlen.

Diese Gemengelage und die bisher z.T. negativen Erfahrungen mit Vermittlungsverfahren[12] führen zu einer Verunsicherung, ob

[12] Vgl. etwa Badische Zeitung vom 3. April 2013: »Bürgerdialog litt unter hohen Erwartungen. Auswertung zu Atdorf liegt vor.
Stuttgart/Atdorf (fs/dpa). Auch der runde Tisch zum geplanten Pumpspeicherkraftwerk in Atdorf konnte den Konflikt um das Projekt nicht lösen. ›Der Dialogprozess hat die Positionen zum Neubauprojekt nicht verändert‹, heißt es in dem Abschlussbericht, ›Runder Tisch Atdorf‹, den das Umweltministerium am Dienstag im Internet veröffentlichte. ›Im Lauf des Prozesses hat sich eher noch eine stärkere Polarisierung eingestellt.‹ [...] Im Fall Atdorf seien viele Teilnehmer deshalb enttäuscht, weil ihre Erwartungen überhöht waren und nicht erfüllt werden konnten. Für einen Kompromiss war das Verfahren zu weit fortgeschritten, es begann erst nach der Raumordnung. [...]«

es überhaupt möglich ist, Lösungen am Runden Tisch zu erreichen. Leggewie & Nanz skizzieren in der Süddeutschen Zeitung (November 2012) folgendes Bild: »Das Vertrauen in die politische Eliten ist vollständig erschüttert, keine wissenschaftliche Autorität wird mehr anerkannt, Bürgerinitiativen haben sich in einer Wagenburg verschanzt, die Energiekonzerne stehlen sich aus der Verantwortung. Wer sich ernsthaft mit der Organisation von Bürgerbeteiligung befasst hat, möchte vor einer solchen Ausgangsszenerie davonlaufen.«

Diese Verunsicherung ist berechtigt, denn die üblichen Beteiligungsverfahren sind oftmals reine Informations- und Konsultationsverfahren. Sie tragen so nur wenig zur Deeskalation, geschweige denn zur Konfliktlösung bei. Deshalb gilt es, unsere politische Konfliktkultur weiterzuentwickeln und informelle Verfahren besser mit formellen Verfahren zu verbinden.[13]

Fazit

Die Besonderheiten politischer Konflikte stellen zusätzliche und z.T. andere Anforderungen an die Konfliktbearbeitung, als es das »klassische« Mediationsverfahren vorsieht. Dieses muss deshalb an einigen Stellen modifiziert und ggf. mit anderen Moderationsverfahren verbunden werden. Insbesondere müssen Machtungleichgewichte austariert, das Gebot der Transparenz und Öffentlichkeit mit der Notwendigkeit von geschützten Räumen kompatibel gemacht und eine verlässliche Umsetzung der Verhandlungsergebnisse im politischen Prozess gewährleistet werden.

---

[13] Vgl. König, Ursula/ Wasserman, Emanuel/ Büsser, Maurus: Was macht Beteiligungsverfahren zu Mediation? In: Perspektive Mediation 4/2012, S. 227.

Erfolgsbedingungen

Grundvoraussetzungen politischer Mediation[14]

Konsensorientierte Konfliktlösung im politischen Bereich ist nur unter bestimmten Bedingungen möglich oder erfolgversprechend:[15]

- Es müssen klar identifizierbare Konfliktparteien vorhanden sein.

- Diese müssen die Fähigkeit haben, Veränderungen zu bewirken und andere einzubinden.

- Alle Seiten müssen wirklich gewillt sein, über den Konflikt zu verhandeln und zu einer Übereinkunft zu kommen – zumindest bzgl. einiger der Streitpunkte.

- Das Verhandeln durch Vertreter/innen der Konfliktparteien muss akzeptiert und ihre Mitarbeit möglichst kontinuierlich gewährleistet sein.

- Die Vertreter/innen müssen fähig sein, innerhalb des Rahmens zu verhandeln, der von ihrer Gruppe gesetzt wurde.

- Die Rückkopplung zur vertretenen Gruppe muss gewährleistet sein.

- Ein gewisses Maß an Vertrauen in den Verhandlungsprozess und in die Verhandlungsfähigkeit der Teilnehmer/innen muss vorhanden sein.

Da Verhandlungen und Mediation nur möglich oder sinnvoll sind, wenn diese Voraussetzungen tatsächlich gegeben sind, können sie die anderen Verfahren nicht vollständig ersetzen, sondern nur ergänzen. Es liegt allerdings im Interesse aller Beteiligten und des Gemeinwesens, durch solch konsensorientierte Verfahren einen maximalen gegenseitigen Nutzen zu erzielen. Gerade dann,

---

[14] Aus: Christoph Besemer: Mediation. Die Kunst der Vermittlung in Konflikten, Karlsruhe 2009, S. 174 f.

[15] Vgl. Jay Folberg & Alison Taylor: Mediation. A Comprehensive Guide to Resolving Conflicts without Litigation, San Francisco 1984, S. 228.

wenn die Konfliktparteien weiterhin längerfristig miteinander zu tun haben und in einer Gemeinschaft leben, ist eine solche Konfliktlösung ratsam, da sie die gegenseitigen Beziehungen nicht verschlechtert oder sogar verbessert.

Kriterien für gelingende politische Mediation

Die klassischen Prinzipien einer Mediation, angereichert durch die Grundvoraussetzungen und die besonderen Anforderungen einer politischen Mediation, lassen sich in folgenden Kriterienkatalog für eine gelingende Konfliktbearbeitung im öffentlichen Raum ausdifferenzieren:

Beteiligung aller relevanten Konfliktparteien

Bei (eskalierten) politischen Konflikten sind die Akteure meist bekannt: Sie zeigen sich bei öffentlichen Diskussionsveranstaltungen, in den Medien, vor Gericht, bei Protestaktionen. Es geht hier nicht – wie bei der frühen Bürgerbeteiligung – um einen repräsentativen Bevölkerungsquerschnitt, sondern um diejenigen, die ein Projekt oder seine Verhinderung für so wichtig halten, dass sie mit einem erheblichen Maß an Engagement dafür oder dagegen kämpfen. Zur Deeskalation des Konfliktes müssen in erster Linie diese verfeindeten Akteure an einen Tisch kommen. Wenn diese nicht das Spektrum der Betroffenen insgesamt abdecken, sollten in der Phase, in der es um konstruktive Lösungen geht, auch die Interessen der restlichen Bevölkerung – bis hin zu den Interessen zukünftiger Generationen – einbezogen werden. Möglichweise ist ein unterschiedliches Setting für die Phase der Konfliktklärung und für die Phase der kreativen Lösungsfindung erforderlich.

Während die Akteure auf Seiten der Verwaltung und der Vorhabensträger leicht zu bestimmen sind, wirft die Einbeziehung der Akteure seitens der Politik und der Widerstandsgruppen einige Fragen auf:

- Sollen Vertreter/innen der Parteien und Parlamente an den Verhandlungen direkt beteiligt werden oder nicht? Dafür spricht, dass auf diese Weise die Umsetzung der Ergebnisse

in den dafür legitimierten Gremien und Parlamenten eher
gewährleistet ist, als wenn die Politiker/innen erst nach Aushandlung der Ergebnisse einbezogen werden. Darüber hinaus
kann eine Aufarbeitung eines Konflikts nur gelingen, wenn die
Verantwortlichen sich dieser Auseinandersetzung stellen. Die
Anwesenheit einer BürgermeisterIn, MinisterIn, Ministerpräsi-
dentIn oder anderer Amtsinhaber/innen kann dafür erforderlich sein.
Dagegen spricht, dass ein Mediationsverfahren keine gesetzgebende Kraft hat und deshalb die Politiker/innen ohnehin
noch einen wichtigen Part im Konfliktlösungsprozess spielen
werden. Im Interesse eines Machtausgleichs und einer ergeb-
nisoffenen Diskussion kann es deshalb hilfreich sein, wenn die
Politprofis vorerst »draußen bleiben«.

- Der Widerstand gegen ein Großprojekt kann von ziemlich
  vielen, unterschiedlichen Gruppen und Organisationen getragen werden. Ist es erforderlich, dass alle Sitz und Stimme im
  Mediationsverfahren haben und zufrieden gestellt werden
  müssen? Und scheitert das Vorhaben von vornherein, wenn
  sich bestimmte Gruppen dem Dialogprozess verweigern?
  Zunächst gilt, dass alle relevanten Konfliktparteien beteiligt
  werden sollten. Wer diese Konfliktparteien sind oder welche
  Gruppierung ein gewisses Spektrum vertritt, muss im Rahmen der Vorphase[16] vorrangig von den zivilgesellschaftlichen
  Akteuren ausgehandelt werden.
  Es gibt jedoch auch die Befürchtung, dass die Einbeziehung
  aller Betroffenen eine Überforderung des Verfahrens und
  der Mediator/innen sein könne. Eine Minderheit könne eine
  ungeheure und unangemessene Macht als Sperrminorität
  bekommen. Zum anderen werde es möglicherweise immer
  Gruppen und Menschen geben, die kein Stück von ihrer Position weichen möchten und werden. Das könne auch bei grundsätzlichen Mediations-Befürworter/innen der Fall sein z.B. in
  der Frage der Atomkraft oder der Gentechnik.
  Deshalb könnten nur Annäherungsziele definiert werden:

---

[16] vgl. Kap. »Sinn und Rahmenbedingungen für einen Dialogprozess klären«, S. 45 in
      diesem Buch

- So viele Gruppen wie möglich aktiv beteiligen.
- Festlegen, wo die Schmerzgrenze liegt, wenn sich zu wenige beteiligen.
- Denen, die sich nicht beteiligen, immer wieder Gesprächsangebote machen, ohne sich von ihnen behindern zu lassen.

Die außen bleibenden Gruppen seien aber auch wertvoll als Mahner/innen für die sich beteiligenden Gruppen, sich nicht über den Tisch ziehen zu lassen. Und sie machten deutlich, dass die Kompromiss-Bereitschaft der anderen wertgeschätzt werden sollte.[17]

Trotz dieser Bedenken sollten alle, die sich beteiligen wollen und von den Projektgegner/innen als Teil des Widerstands ernst genommen werden, prinzipiell auch teilnehmen können. Einer Destruktionspolitik kann durch die Festlegung und Einhaltung gemeinsam erarbeiteter Spielregeln besser begegnet werden als durch Nichtbeteiligung.

Auf der anderen Seite kann der Runde Tisch selbst entscheiden, auf welche Teilnehmer/innen er gezwungener Maßen (wegen Verweigerungshaltung) oder aus freiem Willen (wegen destruktiven Verhaltens) verzichten kann. Er muss dabei jedoch immer ermessen, ob die verbliebenen Teilnehmer/innen genügend Legitimität und Bindungskraft haben, um den zu Konflikt wirklich zu lösen.

Auch wenn die Nichtbeteiligung bestimmter Gruppen akzeptiert wird, sollte überlegt werden, ob und wie sie indirekt eingebunden oder berücksichtigt werden können – während des Mediationsprozesses, bei der Formulierung der Übereinkunft, bei deren Umsetzung.

Konstruktive Haltung und Verfahrensregeln

Die Bereitschaft, am Mediationsverfahren teilzunehmen, ist die wichtigste Anforderung an die verschiedenen Konfliktbeteiligten. Sie wird aber kaum ausreichen, wenn nicht der Wille hinzukommt, sich aktiv einzubringen und dabei die Grundsätze

---

[17] Aus Notizen von Maja Schellhorn über eine Kleingruppenarbeit bei der Stuttgarter Tagung »Vermittlung in politischen Konflikten«, 17.–18. April 2012.

der Fairness und der gegenseitigen Wertschätzung zu beachten. Diese Verfahrens-»Spielregeln« können am Anfang gemeinsam erarbeitet und als erste Übereinkunft beschlossen werden.

Neben den üblichen Minimalregeln wie Ausredenlassen und Zuhören, wenn der/die andere spricht, und keine Beleidigungen sollten bei politischen Mediationen hinzukommen:

- die Offenlegung aller relevanten Informationen;
- der Verzicht auf ausschweifende Ausführungen, das Springen von Punkt zu Punkt oder die Aneinanderreihung von verschiedenen Themen – statt dessen kurze Beiträge und Punkt für Punkt mit dem Gegenüber in einen klärenden Dialog gehen;
- eine verständliche Sprache;
- die Offenheit und die Bereitschaft, auf Lösungen hinzuarbeiten, die auch für die anderen Konfliktparteien tragbar sind;
- die Bereitschaft zu konsensualen Entscheidungen.

Die »Kultur« der anderen Konfliktbeteiligten verstehen

Für einen Mediationsprozess ist es hilfreich, wenn die Konfliktparteien die jeweils spezifische andere »Kultur« und Eigengesetzlichkeiten der Gegenseite(n) erkennen, verstehen und berücksichtigen.[18]

- Politiker/innen: Ihr Stil, zu verhandeln und zu kommunizieren; Fensterreden zu halten, den politischen Gegner zu attackieren oder die eigene Politik zu rechtfertigen und das eigene Gesicht zu wahren. Der Druck, Ergebnisse und Erfolge zu produzieren. Die Parteidisziplin und das Streben nach Machterhalt. Das Selbstverständnis, dass die gewählten Volksvertreter/innen die einzig legitimen Entscheidungsträger sind.
- Verwaltung: Die Kultur, nicht mit den Bürger/innen zu reden oder zu verhandeln. Die Bindung an Vorschriften und Gesetze. Die Befugnis, selbst zu entscheiden und sich nicht nach dem Ergebnis eines Runden Tisches zu richten.

---

[18] Vgl. ebd.

- Bürgerinitiativen: Die Gemeinsamkeit, gegen etwas zu sein, zu kämpfen und Widerstand zu leisten. Die Notwendigkeit, solidarisch zu sein, die Bewegung nicht zu spalten und andere Menschen für ihr Anliegen zu gewinnen. Die Erfahrung, ohne Druck kein Gehör zu finden.

- Wirtschaft und Projektträger/innen: Die Überzeigung, für gesellschaftlichen und wirtschaftlichen Fortschritt zu stehen und notwendige Projekte voranzutreiben. Das Diktat der Wirtschaftlichkeit. Der enge Kontakt zur Politik. Die Abneigung gegen hemmende oder blockierende Bürgerinitiativen und Verbände.

Das bedeutet nicht, dass unter dem Deckmantel der »Kultur« alles hingenommen werden muss, sondern dass man die Schwierigkeiten des Gegenübers anerkennt, Gesichtsverlust vermeidet und Brücken baut. Dies gilt für alle beteiligten Gruppen: die Politik, die Verwaltung, die Wirtschaft, die Verbände und die Bürgerinitiativen. Die Wahrung der »Identität« ist besonders bei freiwilligen, ehrenamtlich arbeitenden Gruppierungen wichtig, weil sie sonst ihre Verbundenheit verlieren und zerfallen könnten (vgl. auch Abschnitt »Die Haltung gegenüber den Protestbewegungen«).

Klare Rolle und Rückbindung der Teilnehmer/innen

Die Personen, die miteinander verhandeln, haben in politischen Konflikten meist unterschiedliche Rollen und Befugnisse. Die Vertreter/innen von Wirtschaft, Verwaltung und hierarchischen Organisationen haben, je höher ihre Position ist, desto mehr Entscheidungsbefugnis. Dies ist für einen effektiven und zügigen Verhandlungsprozess hilfreich. Vertreter/innen von Bürgerinitiativen und nicht-hierarchischen Organisationen haben dagegen meist keine Entscheidungsvollmacht oder nur eine in einem eng vorgegebenen Rahmen. Hier ist es wichtig, dass die Rückbindung zu den entsendenden Gruppen kontinuierlich stattfindet. Dabei können auch neue Erkenntnisse und Lösungsmöglichkeiten an die Basis vermittelt werden und entsprechende Ermessensspielräume neu gesteckt werden. Ein endgültiges Ergebnis kann erst durch ein Votum der entsendenden Gesamtgruppe unterschrieben werden.

Wichtig ist, dass zu Beginn klargelegt wird, wer in welche Rolle und mit welchen Befugnissen am Tisch sitzt. Hilfreich ist es, wenn Delegierte mit einem imperativen Mandat (= die entsendende Gruppe entscheidet) ein großes Vertrauen in der eigenen Gruppe genießen und gut abschätzen können, was diese vermutlich mittragen kann und was nicht. Der Rückkopplungsprozess sollte klar strukturiert sein und eine gewisse Flexibilität der Delegierten erlauben.[19]

Abgleich der Ziele und Rahmenbedingungen

Die Zielsetzungen der Akteure und ihre Gestaltungsspielräume müssen offen gelegt werden, damit eine Teilnahme mit realistischen Erwartungen verbunden werden kann. Klar ist, dass Ziele und Spielräume sich verändern können und es deshalb schon ein Aushandlungsprozess im Vorfeld ist, diesen Rahmen zu stecken. Um eine möglichst breite Beteiligung zu erhalten, ist eine möglichst offene Formulierung des Themas hilfreich (z.B. statt »Wie soll ein neuer Bahnhof/Flughafen gestaltet werden?« besser »Welchen Verkehr haben oder wollen wir und wie soll er bewältigt werden?«).

Diese Offenheit der Fragestellung muss auch mit einer Ergebnisoffenheit einhergehen, die Raum für neue Lösungen und positive Visionen gibt. Da nicht zu erwarten ist, dass immer eine völlige Ergebnisoffenheit möglich oder zugestanden wird, müssen zumindest die unverrückbaren Beschränkungen benannt werden. Je nachdem können die Akteure eine Teilnahme unter diesen Konditionen zusagen oder ablehnen. (Vgl. auch Abschnitt »Ergebnisoffenheit, Nulloptionen und ‚Leitplanken'«)

Ein weiterer wichtiger Punkt ist die Auseinandersetzung auf »Augenhöhe«, die für eine nachhaltige Konfliktklärung und Problemlösung erforderlich ist. Die Mediator/innen achten auf der kommunikativen Ebene darauf, dass alle gleichwertig am Dialog teilnehmen können. Trotzdem können Machtungleichgewichte zu einseitigen Ergebnissen führen, wenn nicht Ressourcen für die

---

[19] Vgl. auch Abschnitt »Delegation und Entscheidungsbefugnisse von Gruppenvertreter/innen« im Kapitel »Besonderheiten bei politischen Konflikten und deren Bearbeitung«, S. 20 in diesem Buch

zivilgesellschaftlichen Gruppen zur Verfügung gestellt werden und ihre Form der selbstorganisierten Zusammenarbeit berücksichtigt wird. Das kann bedeuten, dass finanzielle Mittel bereitgestellt werden für Gutachten eigener Wahl oder zur Information der eigenen Klientel; oder auch eine Terminplanung, welche den Zeitaufwand für die Rückkopplung mit der eigenen Basis berücksichtigt.

Schließlich muss von Anfang an klar sein, wer wie Entscheidungen trifft und wie die Ergebnisse umgesetzt werden. (Vgl. die folgenden Punkte)

Konsensuale Entscheidungsfindung

Konfliktklärung ist auf Konsens angewiesen, ebenso die abschließende (vertragliche) Übereinkunft. Bei komplexen Konflikten hat es sich gezeigt, dass Paketlösungen eher Zustimmung ermöglichen als Einzellösungen.[20] Die einzelnen Regelungen können jedoch auch »Kröten« beinhalten, die geschluckt werden, um den erfolgreichen Abschluss der Mediation nicht zu gefährden. Allerdings sollten die Lasten und die Gewinne möglichst fair verteilt sein. Dazu kann auch ein Ausgleich durch Kompensationsangebote, Transferleistungen (etwa eine besondere Dienstleistung) oder Tauschgeschäfte beitragen.[21]

Die Mediationsbeteiligten müssen sich zu Beginn auf einen Entscheidungsmodus einigen und ein gemeinsames Verständnis darüber haben, was sie unter »Konsens« verstehen und wie er herbeigeführt werden kann. Darin sollten sie auch festlegen, wann vom Konsensprinzip abgewichen werden kann und was an

---

[20] Vgl. Ursula König: Mediation in einem komplexen Umfeld. In: Perspektive Mediation 2007/2, S. 83

[21] Vgl. Ortwin Renn & Christina Benighaus: Mediationsverfahren: Aufbau, Chancen und Grenzen. In: Siegfried Rapp (Hrsg.): Mediation – Kompetent . Kommunikativ . Konkret, Band 2, winwin verlag, Ludwigsburg 2012, S. 135 und S. 146f.
»In der Realität zeigt sich aber, dass die Teilnehmer an Mediationsverfahren durchaus den Argumenten anderer Teilnehmer zugänglich sind (also auf ihre erste Präferenz verzichten), wenn der Nutzenverlust für sie noch tolerierbar ist und gleichzeitig der Lösungsvorschlag als ‚gemeinwohlträchtig', d.h. in der öffentlichen Wahrnehmung als sozial erwünscht, angesehen wird.« (ebd., S. 146f)

dessen Stelle treten soll: eine Mindestzahl von Vetos, Verzicht auf Veto-Rechte, Mehrheitsentscheidungen (einfache Mehrheit oder qualifizierte Mehrheit, wie viel Prozent?), Minderheiten-Voten?

Dass Konsens kein Hexenwerk ist, zeigen die vielen einvernehmlichen Entscheidungen, die in Gruppen tagtäglich – mit oder ohne Konsensverfahren – getroffen werden. Eine gute Moderation hilft, trotz Meinungsverschiedenheiten zu einem gemeinsamen Ergebnis zu kommen. Die Mediator/innen sollten diese Kompetenz mitbringen. Wenn auch die Konfliktbeteiligten Erfahrung damit haben umso besser!

Umsetzung der Ergebnisse

Der Umgang mit den Ergebnissen muss schon vorab besprochen werden: Welche Form haben sie? Sind es nur Empfehlungen oder sind sie verbindlich? Wie werden die ausgehandelten Ergebnisse in die ggf. erforderlichen politischen und administrativen Entscheidungsprozesse eingebracht? Wie kann sichergestellt werden, dass dort die Mediations-Übereinkunft nicht verwässert oder ganz abgelehnt wird? Was könnte in diesem Fall geschehen?

Eine Möglichkeit, hier von vornherein vorzusorgen, ist eine Selbstverpflichtungserklärung der Entscheidungsträger/innen, die Ergebnisse der Mediation – in ihrem wesentlichen Gehalt – zu übernehmen und in den maßgeblichen Gremien zu bewilligen.

Die Erfahrung zeigt, dass es wichtig ist, den Runden Tisch nach einer Übereinkunft nicht gänzlich aufzulösen, sondern ein Gremium zu bestimmen, das die Umsetzung der Verhandlungsergebnisse begleitet, kontrolliert und notfalls interveniert.

Verbindlichkeit

Ein Mediationsverfahren nimmt eine längere Zeit in Anspruch. Für diesen Zeitraum müssen die Teilnehmer/innen eine verbindliche, verlässliche Mitarbeit zusagen (können). Für ehrenamtlich Tätige könnte ein Sitzungsgeld oder die Freistellung von ihrer beruflichen Arbeit hilfreich oder erforderlich sein.

Dass einzelne Personen aus gewichtigen Gründen durch andere abgelöst – und eingearbeitet – werden können, ist selbstverständlich. Aber die Teilnahme am Runden Tisch darf keiner Beliebigkeit ausgesetzt sein.

Dazu sollten Ein- und Austrittsmöglichkeiten vorab geklärt und besprochen werden, in welcher Form sie geschehen können. Dabei ist darauf zu achten, dass später Hinzukommende die Informationen und Unterlagen über den bisherigen Prozess erhalten und sich zu eigen machen.

Transparenz, Öffentlichkeit und geschützter Raum

Die Mitglieder des Runden Tisches müssen sich selbst gut informieren können, aber auch die nichtanwesende Bevölkerung transparent über Inhalt und Fortgang der Verhandlungen auf dem Laufenden halten. Dies bedeutet nicht, dass der ganze Prozess öffentlich stattfinden muss. Die Mediationsbeteiligten legen fest, welche Teile davon einen vertraulichen Rahmen erfordern und welche nicht. Die Information der Medien muss ebenfalls besprochen und geregelt werden.[22]

Vertrauensaufbau

Zentral für den Erfolg (und auch schon ein zentraler Erfolg!) ist Vertrauen. Der Vertrauensverlust ist jedoch ein wesentlicher Faktor bei der Konflikteskalation, also der Ausgangssituation. Wie kann nun Vertrauen in das Verfahren und in die anderen Teilnehmer/innen gewonnen werden?

Ein bewusster und ehrlicher Umgang mit fehlenden Symmetrien (z.B. strukturelles Machtungleichgewicht) könnte ein erster Schritt sein. Es sollten keine Fakten von einer Seite geschaffen werden, was das Vermittlungsverfahren angeht. Der Anbahnungsprozess, wie er im nächsten Kapitel ausführlich beschrieben wird, muss sehr sensibel und unter gleichrangiger Einbeziehung der andern Konfliktbeteiligten erfolgen. Zeitdruck

---

[22]   Vgl. auch Abschnitt »Öffentliches Interesse und Vertraulichkeit« im Kapitel »Besonderheiten bei politischen Konflikten und deren Bearbeitung«, S. 21 in diesem Buch

während des Verfahrens ist hinderlich. Vertrauen lässt sich nicht einfordern, es kann nur Schritt für Schritt wachsen. Der Vertrauensaufbau sollte deshalb genügend Raum bekommen. Er ist ein wesentlicher Bestandteil des Mediationsprozesses und öffnet die Tür zu Durchbrüchen und neuen Lösungen.

Externe und kompetente Prozessleitung

Ein politisches Mediationsverfahren erfordert eine professionelle, externe Leitung, die das Vertrauen aller Konfliktbeteiligten genießt.

Dafür ist in der Regel ein Team besser geeignet als eine Einzelperson. Eine Gruppe von Mediator/innen kann auf eine breitere Methodenkompetenz zurückgreifen und zu einer größeren Akzeptanz seitens der Konfliktparteien beitragen. Vorteilhaft ist, wenn sie mit den verschiedenen Logiken und Kulturen der Konfliktparteien vertraut sind und ein kooperatives Zusammenwirken herstellen können.

Die Mediator/innen müssen trotz des öffentlichen Themas eine professionelle inhaltliche Distanz und eine allparteiliche Haltung an den Tag legen. In einem Team könnten aber unter Umständen auch Mediator/innen zusammenwirken, die den verschiedenen Konfliktparteien jeweils etwas näher stehen und in ihrer Gesamtheit eine ausgewogene Mischung ergeben. Dies wäre in der Praxis noch zu prüfen.

Die Mediator/innen haben die Autonomie der Beteiligten zu achten, ohne dabei Struktur und Prozessleitung aus der Hand zu geben.

Die Auswahl und Beauftragung der Mediator/innen sollte von den Konfliktbeteiligten gemeinsam vorgenommen werden. Die Bezahlung kann von einer Seite übernommen werden, was aber transparent sein muss und nicht zu einer versteckten Loyalität zum/zur GeldgeberIn führen darf.

Checkliste

Kriterien für gelingende politische Mediation

- **Beteiligung aller relevanten Konfliktparteien**

    - Differenzierung zwischen Konfliktparteien und Betroffenengruppen
    - Verzahnung von Konfliktaufarbeitungs- und Lösungsfindungs-Verfahren
    - Politiker/innen/Parlamentarier/innen einbeziehen oder ausklammern?
    - Zivilgesellschaftliche Akteure zur Teilnahme er–mutigen, aber Nichtteilnahme respektieren
    - Ausreichende Legitimität und Bindungskraft der teilnehmenden Gruppen für eine Konfliktlösung?

- **Konstruktive Haltung und Verfahrensregeln**

    - Bereitschaft zu aktiver Mitarbeit, Fairness und Wertschätzung
    - Verfahrens–Spielregeln vereinbaren und einhalten
    - Offenheit für eine gemeinsame Lösung

- **Die »Kultur« der anderen Konfliktbeteiligten verstehen**

    - Die »Kultur« der anderen Konfliktparteien verstehen
    - Gesicht wahren lassen und Brücken bauen

- **Klare Rolle und Rückbindung der Teilnehmer/innen**

  - Rolle und Entscheidungsbefugnisse der Akteure transparent machen
  - Rückbindungsprozesse zu den Gruppen klären
  - Ermessens–Spielräume für die Delegierten schaffen
  - Klärung der Entscheidungsprozedur für eine Übereinkunft

- **Abgleich der Ziele und Rahmenbedingungen**

  - Klare und transparente Ziele und Gestaltungsspielräume, realistische Erwartungen
  - Thema möglichst offen formulieren
  - Ergebnisoffenheit und Beschränkungen klären
  - Beteiligung auf »Augenhöhe«, Machtgleichge wicht, Ressourcen
  - Regelung der Entscheidungsfindung und der Um setzung der Ergebnisse

- **Konsensuale Entscheidungsfindung**

  - Konsensprinzip bei Konfliktklärung und abschließender Übereinkunft
  - Gemeinsames Verständnis von »Konsens« und des Weges dahin
  - Festlegung, wann und wie vom Konsensprinzip abgewichen werden darf
  - Mediator/innen mit Erfahrung in Konsensfindung

- **Umsetzung der Ergebnisse**

  - Verbindlichkeit oder Empfehlungscharakter der Übereinkunft?
  - Einbindung in den parlamentarischen Prozess
  - Selbstverpflichtung der Entscheidungsträger/in nen
  - Begleitungsgremium für Überwachung der Um setzung

- **Verbindlichkeit**

  - Verlässliche Mitarbeit auf Dauer
  - Regelung der Ein- und Austrittsmöglichkeiten
  - Einarbeitung von neuen Teilnehmer/innen

- **Transparenz, Öffentlichkeit und geschützter Raum**

  - Information für die Teilnehmer/innen
  - Transparenz und Information der Öffentlichkeit
  - Absprachen, wann geschützter Raum erforderlich ist
  - Absprachen zur Medieninformation

- **Vertrauensaufbau**

  - Bewusster und ehrlicher Umgang mit fehlenden Symmetrien (z.B. strukturelles Machtungleichgewicht)
  - Anbahnungsprozess mit gleichrangiger Einbeziehung aller Konfliktparteien
  - Zeitdruck ist hinderlich
  - Raum geben für Vertrauensaufbau

- **Externe und kompetente Prozessleitung**

  - Professionelle, externe Leitung
  - Mediationsteam vorteilhaft
  - Inhaltliche Distanz und allparteiliche Haltung der Mediator/innen
  - Vertrautheit mit den Kulturen der Konfliktparteien und Achtung ihrer Autonomie
  - Auswahl und Beauftragung durch die Konfliktbeteiligten gemeinsam
  - Keine versteckte Loyalität gegenüber Geldgeber/in

Strittige Themen

Ergebnisoffenheit, Nulloption und »Leitplanken«[23]

Eine der Grundvoraussetzungen einer Mediation ist die Ergebnisoffenheit – d.h. was verhandelt wird, darf nicht von vornherein auf ein bestimmtes Ergebnis festgelegt sein.

Allerdings kann das Thema einer Vermittlung von vornherein begrenzt werden: So geht es etwa in einer Scheidungsmediation normalerweise nicht (mehr) um die Rettung der zerrütteten Ehe, sondern um die einvernehmliche Regelung der Trennungsfolgen. Wenn es trotzdem zu einer Verständigung der Eheleute kommt, umso besser.

Aber auch wenn das Konfliktthema offener formuliert wird, existiert keine absolute Ergebnisoffenheit, denn für eine Übereinkunft ist die Zustimmung aller Beteiligten erforderlich. Jede/r hat also die Möglichkeit, durch ein »Veto« missliebige Ergebnisse abzuwenden. Dies kann zwar Ängste vor einer gegenseitigen Blockierung schüren, auf der anderen Seite jedoch auch eine gewisse Gelassenheit erzeugen, die es zulässt, dass der Verhandlungsgegenstand etwas weiter definiert wird.

Doch was bedeutet das bei umstrittenen Planungsvorhaben? Einer Planung liegt die zielgerichtete Absicht eines oder mehrerer Akteure zugrunde, ein Projekt zu verwirklichen. Dem stehen Menschen oder Gruppierungen gegenüber, die diese Veränderungen nicht wünschen und verhindern wollen. Wenn es nun zu einer Vermittlung am Runden Tisch kommt, stellt sich dann die Frage, ob es ein Zurück auf die Nulloption geben kann.

Es wäre natürlich wünschenswert, wenn in Zukunft vor Beginn von Planungen alle Interessengruppen zunächst nur von einem zu bewältigenden Problem oder einer offenen Frage ausgehen, ohne dass bereits Lösungsalternativen vorgegeben sind. So wäre das Thema für eine Vermittlung im Stuttgart Bahnhofsstreit nicht die des Bahnhofs gewesen, sondern die des »optimalen

---

[23] Basierend auf den Arbeitsergebnissen der Fachtagung »Vermittlung in politischen Konflikten«, zusammengefasst in: Roland Schüler & Christoph Besemer: Vermittlung in politische Konflikten – Anforderungsprofil für Dialoge am »Runden Tisch«, 2012.

Nah- und Fernverkehrs in Stuttgart und der Region«. Eben dies entspricht jedoch nicht der gegenwärtigen »Planungskultur«. Hier werden schon vorab Vorgaben und Festlegungen getroffen, die ganze Bereiche von Lösungsmöglichkeiten inkl. der Nulloption ausschließen. Andererseits gibt es auch auf Seiten der sozialen Bewegungen nicht verhandelbare Themen (z.B. der sofortige, komplette Ausstieg aus der Atomenergie oder die Abschaffung des Militärs), die durch einen Runden Tisch nicht wegdiskutiert werden können. Schließlich kann eine Nulloption auch aus ethischen und rechtlichen Gründen ausgeschlossen werden, z.B. wenn es um die Unterbringung von Flüchtlingen in den Kommunen geht.

Aber auch bei der Ausgangsposition »Es gibt keine Nulloption« können ausreichende Verhandlungsspielräume bestehen, die eine Mediation attraktiv machen. Darüber hinaus kann es im Verlauf der Mediation auch zu einer Veränderung der ursprünglichen Position kommen: Wenn weitergehende Erkenntnisse und höhere Ziele die festgefahrenen Lösungsvorstellungen aufweichen, könnte die Nulloption schließlich doch wieder zu einer Option werden. Höhere Ziele für ein Gemeinwesen können u.a. der gesellschaftliche Friede, das Entstehen eines neuen Gemeinsinns oder die Zufriedenheit mit politischen Prozessen oder politischen Akteuren sein. Die Möglichkeit, dass sich eine solche Öffnung der Position (erst) im Rahmen einer Mediation entwickelt und entfaltet, sollte den Akteuren vor Eintritt in den Prozess deutlich gemacht werden. Das Bestehen auf einer Nulloption als Voraussetzung für die Beteiligung kann dazu führen, dass das Vermittlungsverfahren überhaupt nicht stattfindet. Und damit kann eine Chance der friedlichen Konfliktbearbeitung vertan sein.

Das Aushandeln von sogenannten »Leitplanken« oder der Tolerierung solcher Leitplanken als Einstiegs-Voraussetzung kann deshalb ein wichtiger Schritt bei der Anbahnung eines Mediationsverfahrens im politischen Raum sein.

Fazit

Eine absolute Ergebnisoffenheit sollte nicht als Voraussetzung für einen Einstieg in einen Dialogprozess gefordert werden. Damit legt man die Hürde für eine Beteiligung evtl. zu hoch und vergibt sich viele Chancen. Die Erfahrung von Mediationsprozessen zeigt, dass die Bereitschaft zum Kompromiss oft erst im Prozess hergestellt werden kann, vielleicht auch bereits in der Anbahnungsphase.[24]

Eine realistische Alternative zur absoluten Ergebnisoffenheit ist

- eine allseits akzeptierte Problemdefinition und Beschreibung des Konfliktgegenstandes,

- die Sicherstellung einer Ergebnisoffenheit innerhalb gewisser »Leitplanken«, die vorläufig als Rahmen gesetzt werden, bei gleichzeitigem Verzicht auf das Durchboxenwollen der eigenen Lieblingslösung,

- die Bereitschaft, alle Lösungsoptionen anzuschauen, auch wenn sie auf den ersten Blick unannehmbar erscheinen,

- das Einlassen auf den Prozess, der festgefahrene Positionen aufweichen kann,

- eine Sicherheit vor Überrumpelung und Überstimmung, die nicht auf Ausgrenzung bestimmter Lösungsvorstellungen beruht, sondern auf der Möglichkeit, unliebsamen Ergebnissen die Zustimmung zu verweigern (Konsensprinzip).

Vorbedingungen (z.B. Baustopp)

Ein weiterer Stolperstein bei der Initiierung eines Vermittlungsverfahrens können Vorbedingungen der Konfliktparteien sein. Von Seiten der Politik und Verwaltung könnte dies der Verzicht auf illegale Aktionen (zivilen Ungehorsam, Sachbeschädigungen o.a.) durch die Protestgruppen sein. Die Widerstandsbewegung wiederum wird z.B. einen Baustopp als Voraussetzung für Verhandlungen fordern, damit nicht fortlaufend neue Fakten geschaffen werden, die ein verhandelbares Ergebnis zunehmend einengt. Solche Vorbedingungen sind legitim und müssen in der Vorphase der Mediation ausgehandelt werden.

Dass es bei dem Gerangel um Vorbedingungen auch um Gesichtswahrung geht, haben die verhärteten Positionen vor der

---

[24]   Ebd.

Stuttgart-21-Schlichtung gezeigt: Der von Seiten der Projekt-gegner/innen geforderte »Baustopp« wurde von der Deutschen Bahn AG konsequent abgelehnt. Eine Lösung brachte erst die Verwendung eines neuen Begriffs – »Bauunterbrechung« –, der noch nicht von einer der Konfliktparteien »besetzt« war und als Kompromiss ausgegeben werden konnte.

Erfolgskriterien

Die Bewertung, wann ein Mediationsverfahren erfolgreich ist, sollte nicht nur an der Unterzeichnung einer Übereinkunft gemessen werden. Auch die Qualität einer Vereinbarung sollte berücksichtigt werden: Ist es nur ein Kompromiss oder ein Minimalkonsens oder eine win-win-Lösung? Sind alle wichtigen Themen behandelt worden? Ist die Lösung auch fachlich solide und umsetzbar? Wird sie auch tatsächlich umgesetzt? Oder reicht es aus, wenn die tiefe Durchdringung der Themen wichtige Anhaltspunkte für die Entscheidungsgremien liefert?[25]

Vielleicht können die ursprünglich gesteckten Hauptziele in einem Mediationsprozess nicht erreicht werden, dafür aber wichtige Nebenziele. Diese können mittel- oder langfristig sogar die wertvolleren Ergebnisse sein. So kann die Etablierung einer guten demokratischen Kultur ein Meilenstein sein, der über den Streit um das konkrete Projekt weit hinausreicht.

Die Definition von Erfolg sollte deshalb laufend reflektiert werden. Eine Enttäuschung darüber, dass die eigenen Forderungen nicht durchgebracht werden konnten, könnte hinter einem gelungenen Paradigmenwechsel im Umgang miteinander zurückstehen: von der Durchsetzungskultur zum respektvollen, wertschätzenden Ringen um gemeinsame Lösungen. Auch ein ehrlich eingestandenes Scheitern kann in diesem Sinn ein »Erfolg« sein, weil es Vertrauen schafft.[26]

---

[25] Vgl. Reinhard Sellnow: Mediation, in: Stiftung Mitarbeit, Astrid Ley und Ludwig Weitz (Hrsg.): Praxis Bürgerbeteiligung. Ein Methodenhandbuch, Verlag Stiftung Mitarbeit, Bonn 2009 (3. Aufl.), S. 172.

[26] Aus Notizen über eine Kleingruppenarbeit bei der Stuttgarter Fachtagung, vgl. Anmerkung 17.

Die besondere Bedeutung der Vorphase

Das Gelingen und der Erfolg von Vermittlungsverfahren hängt wesentlich davon ab, was schon vor Beginn der eigentlichen Verhandlungen geschehen und vereinbart worden ist. Die wichtigsten Weichenstellungen werden in der Vorphase getroffen: die Verfahrensauswahl, die Bestimmung der Vermittler/innen, die Bestimmung des Themas, die Auswahl der einzuladenden Konfliktparteien, die Gestaltung und Grundsätze des Prozesses. Vielleicht kranken die meisten der unbefriedigend verlaufenen Runden Tische daran, dass an dieser Vorarbeit nicht alle Beteiligten eingebunden waren. Es ist möglicherweise auch der entscheidende »blinde Fleck« innerhalb der Protestbewegungen, wenn sie ihre Beteiligung nicht aktiv einfordern, sondern sich erst dann mit dem Vermittlungsverfahren befassen, wenn all diese Vorgaben bereits getroffen wurden. Das Verfahren ist dementsprechend auch nicht »ihres«, sondern das der Gegenseite und wird mit entsprechender Skepsis betrachtet.

Sinn und Rahmenbedingungen für einen Dialogprozess klären

Dem gegenüber empfehlen wir einen gemeinsamen Prozess der Verfahrensentwicklung. Dabei soll eine gemeinsame Vorstellung entwickelt werden über das Vorgehen, die Art und Weise der Beteiligung sowie deren Rahmenbedingungen und Grenzen, damit jede Interessengruppe für sich Sinn in der Beteiligung sieht. Das bedeutet u.a. konkret: [27]

- In einem Abwägungsprozess zu einer Entscheidung kommen, ob ein Dialogprozess sinnvoller und nützlicher ist als die bisherigen Durchsetzungs- oder Konfliktlösungsbemühungen.

- Nach einem gemeinsamen, allseits akzeptierten Rahmen für die Gespräche suchen. Sofern keine absolute Ergebnisoffenheit zugesichert werden kann, müssen die Einschränkungen als sinnvoll und akzeptabel anerkannt werden.

---

[27] Vgl. König, Ursula/Wassermann, Emanuel/Büsser, Maurus: Was macht Beteiligungsverfahren zu Mediation? In: Perspektive Mediation 4 I 2012, S. 222–227.

- Der Aushandlungsprozess sollte bereits mediativ (ggf. mit einem/einer »VormediatorIn«) geführt und von den Beteiligten als fair erlebt werden.

- Alle Mediations-Beteiligten sollten Auftraggeber/innen des Mediationsteams werden, unabhängig davon, ob sie an der Finanzierung des Prozesses beteiligt sind.

Die Haltung der Mediator/innen gegenüber den Protestbewegungen

In der Vermittlung von politischen Konflikten spielt die Haltung der Mediator/innen ein besondere Rolle: Um Akteure aus der sozialen Bewegung für eine Mediation zu gewinnen, ist es unabdingbar, jederzeit eine Haltung von »Achtung und Respekt für die Solidarität der Bewegung« einzunehmen. Denn der Erhalt der Solidarität ist für eine soziale Bewegung ein Wert an sich, weil sie kein monolithischer Block ist, sondern ein Zusammenhang, der aus einem gemeinsamen Ziel entstanden ist und seine Stärke nur durch die Solidarität gewinnt. Diese Solidarität sollte nicht durch die Mediator/innen untergraben werden. Dazu kann schon das Angebot einer Vermittlung oder einer Mediation gezählt werden, weil darin schon der Keim einer Spaltung liegen kann – in diejenigen, die reden wollen, und jene, die keinen Dialog mit der anderen Seite suchen.

Welche Handlungsmöglichkeiten haben dann die Mediator/innen?

Zunächst sollte ein Vermittlungsverfahren als eine Möglichkeit von mehreren ins Gespräch gebracht werden – und dies nicht unbedingt durch die Mediator/innen selbst. Sie können dann auf Anfrage informieren, wie ein Mediationsverfahren konkret aussehen könnte, und in der Anbahnungsphase bestimmte Rahmenbedingungen aushandeln. Hilfreich könnte es sein, wenn die Vorphase von anderen Mediator/innen begleitet wird als das Hauptverfahren.

Die Entscheidung, ob die Widerstandsbewegung sich auf eine Mediation einlässt oder nicht, muss ihr überlassen bleiben. Wenn nicht alle dafür zu gewinnen sind, müssen die Protestgruppen selbst entscheiden, wie sie mit dieser Situation umgehen.

Wichtig ist, dass die Mediator/innen wissen, welch große Bedeutung die Solidarität für eine soziale Bewegung hat und die Vermittler/innen nicht als »Spalter/innen« empfunden werden.

15 Schritte, die zu einer Mediation führen können

Um eine Mediation auf ein stabiles Fundament zu stellen, muss bei ihrer Anbahnung im Kontext eines politischen Konfliktes besonders sorgfältig vorgegangen werden. Auf der Fachtagung »Vermittlung in politischen Konflikten« am 24.-25.4.2012 in Stuttgart wurden folgende 15 Schritte beschrieben, die nötig sein können, eine Mediation in eine gute Spur zu bringen.

Die einzelnen Schritte zur Anbahnung sind als offener Prozess zu verstehen, d.h. nicht jedem Schritt folgt automatisch der nächste: Es kann auch »Schleifen« geben, Schritte können übersprungen oder neue Zwischenschritte müssen eingeschoben werden.

Diese Liste zeigt auf, wie sorgfältig eine Mediation angebahnt und vorbereitet werden sollte, um eine tragfähige Grundlage für den Konfliktklärungs- und Verhandlungsprozess zu legen. In dieser Phase kommen bereits viele moderative und mediative Elemente zum Einsatz ggf. sogar kleine Mediationen im Vorfeld der eigentlichen Mediation.

Vorphase: 15 Schritte zur Mediation

1. Schritt
Entdecken des Bedarfs an Vermittlung in einem Konflikt.
Es braucht Menschen, die sich als **»Prozess-Initiator/innen«**
berufen fühlen!

2. Schritt
Überlegen, ob es sinnvoller ist, den Prozess mit den eigenen Ressourcen selbst anzugehen oder **sachkundige Dritte**
einzubeziehen.

3. Schritt
Die so gewachsene **»Spurgruppe«** baut nun den Kontakt zu
den Beteiligten oder Einzubeziehenden auf.

4. Schritt
Information über die Möglichkeiten der Konfliktbearbei-
tung und deren Verfahren innerhalb der Protestbewegung.
Dazu können auch Fachleute eingeladen werden.

5. Schritt
Interne Klärungsprozesse der Beteiligten zu den Fragen
der Teilnahme, der Form der Konfliktbearbeitung und der
Rahmenbedingungen der Mitwirkung (vertrauensbildende
Maßnahmen, Ressourcen)

6. Schritt
Die **Spurgruppe wird erweitert** mit Menschen aus den
sozialen Bewegungen und beginnt nun die **Aushandlung**
aller einzubeziehenden Gesprächsbeteiligten, mit welchem
Verfahren der Konflikt bearbeitet werden soll und mit welchen Themen. Welche Akteure gehören noch ins Boot und
müssen gewonnen werden und wie geschieht die Auswahl
der Moderator/innen oder Mediator/innen, die durch den
Prozess oder die Mediation führen? Welche Forderungen
als Voraussetzung für eine Teilnahme werden von den
Gruppen/Akteuren gestellt und wie wird damit umgegangen?

7. Schritt
Um zu einer **Entscheidungsfindung** kommen, kann die Unterstützung durch »**Vormediator/innen**« hilfreich sein. Diese müssen nicht unbedingt die Mediator/innen des Hauptverfahrens sein.

8. Schritt
Die Ergebnisse werden dann in die soziale Bewegung **zurückgekoppelt**.

9. Schritt
Es fällt die **Entscheidung über Start oder Abbruch** der Vermittlungsbemühungen.

10. Schritt
Ist eine Entscheidung für die Mediation getroffen worden, beginnt das gemeinsame **Auswahlverfahren für die eigentlichen Moderator/innen oder Mediator/innen**, wobei die Vormediatorin oder der Vormediator aus dem Spurteam das Verfahren moderiert.

11. Schritt
Alle beteiligten Konfliktparteien **einigen sich auf ein Mediationsteam**.

12. Schritt
Es beginnt nun die **Prä-Mediationsphase**, das konsensuale Besprechen der Rahmenbedingungen, der Tagesordnung und der Verfahrensabläufe für die Mediation (vgl. auch die weiter unten skizzierten Checklisten, S. ?? ff.).

13. Schritt
Rückkopplung der Ergebnisse in die soziale Bewegung

14. Schritt
Entscheidung, ob unter diesen Konditionen eine **Mediation stattfindet** oder nicht.

15. Schritt
Bei positiver Entscheidung findet die (eigentliche) **Mediation** statt.

Die Durchführung: Balance zwischen verschiedenen Anforderungen

Der Raum

Die Anforderung, einen »neutralen« Raum für Großgruppen-Mediationen zu finden, könnte schwer zu erfüllen sein, wenn die Teilnehmer/innen-Zahl groß ist und geeignete Räumlichkeiten nur von am Konflikt beteiligten Gruppierungen gestellt werden können. Deshalb müssen sich die Konfliktparteien in der Planungsphase auf einen gemeinsam akzeptierten Ort einigen.

Wichtiger als die Neutralität des Ortes dürften jedoch Ausstattung und Flexibiliät der Räume sein:

- Sind die benötigten technischen Geräte vorhanden – z.B. Beamer, Mikrofone, ggf. Ton-/ Bildaufnahme?
- Sind ausreichend Moderationsmaterialien vorhanden oder können sie für die Treffen organisiert werden – z.B. Flipcharts, Moderationswände, Stifte, Papier in allen Größen etc.?
- Sind die Anzahl und die Größe der Räume geeignet für die vorgesehenen Arbeitsmethoden – z.B. großer Plenarsaal, Podium, Arbeitsgruppenräume, Imbissmöglichkeiten?
- Erlauben die Räume verschiedenartige Arbeitsformen – z.B. Reihenbestuhlung für Informationsblöcke mit größerem Auditorium, Stuhlkreis oder Tische im Quadrat zur Face-to-face-Kommunikation, Außenkreis-/innenkreis-Bestuhlung für Fishbowl-Gespräche oder Trennung von Verhandlungsgruppe und nur zuhörenden Teilnehmer/innen oder Öffentlichkeit, freie Fläche für Arbeitsmethoden im Raum (Aufstellungen, Kleingruppen-Gespräche, Marktplatz, World-Café, Arbeitsaufgaben oder Präsentationen auf verschiedenen Moderationswänden etc.)?

Großgruppe – Kleingruppe(n)

Für eine Konfliktklärungsarbeit ist eine überschaubare Gruppengröße Voraussetzung, bei der alle ausreichend zu Wort kommen und sich beim Gespräch direkt anschauen können. Bei der Erarbeitung von vielfältigen und kreativen Problemlösungen sind größere Teilnehmer/innen-Zahlen möglich und manchmal auch hilfreich. Für Transparenz und Öffentlichkeit ist eine maximale Einbeziehung der interessierten Bevölkerung angesagt.

Diese verschiedenen Anforderungen an ein Vermittlungsverfahren zeigen an, dass die Arbeitsformen und die Größe der Gruppen unterschiedlich sein können und sollten. Was das für das Verfahren konkret bedeutet, soll hier und in den folgenden Abschnitten ausgeführt werden.

Information: Maximale Gruppengröße

Da es sich um öffentliche Themen und deren Bearbeitung handelt muss die interessierte Bevölkerung auch mitbekommen können, was geschieht. Sonst ist das Verfahren intransparent und dem Verdacht auf Mauschelei ausgesetzt.

Eine direkte Anwesenheit aller Interessierten ist dabei jedoch weder erforderlich noch immer möglich. Die Berichterstattung der Medien und ein gezielter Informationsdienst in Papierform oder via E-Mail oder Internetseiten dürfte das Bedürfnis nach Information weitgehend abdecken. Dabei ist zu beachten, dass es verschiedene E-Mail-Verteiler gibt: einen für den inneren Kreis (auch mit vertraulichen Informationen) und andere zur Information einer breiteren Öffentlichkeit. Darüber hinaus könnten informative Teile des Vermittlungsverfahrens – wie etwa gutachterliche Stellungnahmen, Zwischenstände des Dialogprozesses oder die Bekanntgabe der erzielten Vereinbarungen – im Rahmen eines größeren Publikums stattfinden.

Sobald es jedoch um Diskussion oder Konfliktklärung geht, müssen Teilnehmer/innen-Zahlen und Arbeitsformen verwendet werden, die eine Kommunikation in beide Richtungen ermöglichen.

Diskussion und Entscheidungsfindung: Gruppengröße von 20 bis 100 Personen

Die meisten Formen einer ausgeglichenen und wechselseitigen Kommunikation haben eine »natürliche« Grenze bei ca. 20 Personen. Das zeigt sich u.a. daran, dass eine Runde (= alle Anwesenden kommen kurz zu Wort) von mehr als 20 Beiträgen die Konzentrationsfähigkeit und Geduld einer Gruppe überstrapaziert. Auch lässt sich eine Gruppendiskussion mit annähernd gleicher

Redezeit für alle und einer konsensualen Entscheidungsfindung nur bei Gruppen bis zu 20 Personen realisieren.

Bei größeren Gruppen (20 –100) müssen Arbeitsformen gefunden werden, welche die Zahl der Redenden begrenzt, ohne sie komplett auszuschließen oder zu reinen Zuhörer/innen zu machen. Dies kann geschehen durch eine zeitweilige Begrenzung der Diskussion auf einen Innenkreis, während die anderen im Außenkreis zuhören. Oder die Beschränkung der Meinungsäußerung auf jede zweite, dritte oder vierte Person in einer Runde – mit der Möglichkeit, dass wichtige zusätzliche Statements der anderen anschließend noch zugelassen werden. Die Diskussion in einer Großgruppe kann auch durch die Bestimmung von Gruppenvertreter/innen in einen überschaubaren Rahmen überführt werden, wobei die restlichen Gruppenmitglieder zuhören und sich in den Pausen mit ihren Vertreter/innen abstimmen können. Bei Meinungsbarometern oder sonstigen Aufstellungen im Raum können jeweils einige Personen mit unterschiedlichen »Standpunkten« befragt werden, während die anderen allein durch ihren »Standort« deutlich machen, inwieweit sie einer gegebenen Fragestellung zustimmen oder nicht.

Bei einer Konsensfindung in größeren Gruppen gibt es die Möglichkeit, die eigentliche Entscheidungsfindung in kleinen (Bezugs-)Gruppen – wiederum bis zu max. 20 Personen – anzusiedeln, wobei die Ergebnisse von ein bis zwei Sprecher/innen in einem »Sprecher/innenrat« ausgetauscht werden und Dissenspunkte wieder in die Gruppen zur Beratung zurückgegeben werden. Zur einfacheren und schnelleren Durchführung können die (Bezugs-)Gruppen sich im Raum befinden und dem Sprecher/innenrat beim Informationsaustausch zuhören. Darüber hinaus gibt es die Möglichkeit durch Karten oder Handzeichen verschiedene Konsensstufen in einer größeren Gruppe abzufragen und an Dissenspunkten im Plenum gemeinsam zu arbeiten.

Intensives Gespräch und Konsensfindung: Gruppengröße bis 20 Personen

In Gruppen von bis zu 20 Personen lassen sich – bei genügender Zeit! – Sachverhalte gründlich diskutieren und Entscheidungsprozesse in optimaler Weise zu einem Konsens führen. Bei dieser

Größenordnung muss es keine »Fraktionen« geben, sondern jede Person kann für sich sprechen und eine eigenständige Position vertreten und hat dafür auch den nötigen Raum. Um zu einer solchen, optimalen Gruppengröße in öffentlichen Konflikten zu kommen, sollten die Konfliktparteien jeweils nur mit ein, zwei oder maximal drei Delegierten vertreten sein. Sie müssen sich aber zwischen den einzelnen Gesprächen mit ihrer entsendenden Gruppe besprechen können. Falls es zu viele vom Konflikt betroffene Gruppen gibt, die einbezogen werden wollen und sollten, können die Gruppierungen nach gleichen oder ähnlichen Positionen und Zielvorstellungen zusammen genommen werden und von ihnen gemeinsame Delegierte ausgewählt werden. Der Rückkopplungsprozess ist dann etwas aufwändiger.

Konfliktklärung: Zwei bis ca. acht Personen

Wenn es nicht nur um Sachdiskussionen geht, sondern um Konflikte mit der ganzen Emotionalität und Feindseligkeit zwischen den zerstrittenen Parteien, sollten die Geprächspartner/innen auf eine Mindestanzahl reduziert werden, idealer Weise auf zwei Personen. Im Zweiergespräch ist die reinste Form des »Dia-Logs« möglich.

Diese Begrenzung ist notwendig, weil ein Klärungsgespräch außerordentlich konzentriert und tiefgehend, im stetigen Wechsel und ohne Zeitdruck durchgeführt werden muss, um wirklich etwas »lösen« zu können.

In Gruppen bis zu 20 Personen können, wenn die Betroffenen einverstanden sind, die Klärungsgespräche im Fishbowl (in der Mitte eines umgebenden Halb-/Kreises) durchgeführt werden. Das erfordert allerdings große Zurückhaltung, Disziplin und Geduld des Außenkreises.

Größere Gruppen oder die Einbeziehung von Medien stören den vertraulichen Charakter dieser sehr persönlichen Gespräche.

Konflikt – Beziehungsklärung – Sacharbeit

Über die Gruppengröße sind schon verschiedene Arbeitsformen und Bearbeitungsebenen angesprochen worden. Diese sollen nun weiter ausgeführt werden.

Der Ausgangspunkt für politische Mediation ist ein eskalierter Konflikt zu bestimmten, öffentlich bedeutsamen Themen. Die Art und Weise, wie diese Themen behandelt wurden, führen im schlimmsten Fall zu heftigen Reaktionen und Auseinandersetzungen, in denen sich die Beteiligten verletzender Beleidigungen, Verleumdung, psychischem Druck, Nichtbeachtung, Sanktionen und manchmal auch körperlicher Gewalt ausgesetzt sehen. Das Gesprächsklima ist deshalb von vornherein vergiftet. Sachfragen werden mit Misstrauen und Feindseligkeit thematisiert. Außer einem Schlagabtausch und womöglich neuen Verletzungen kommt nicht viel heraus.

Deshalb ist es ratsam, von Anfang an auf emotionale Ausbrüche oder Blockaden und auf Ressentiments zu achten und sie zum Thema zu machen: Wodurch sind sie entstanden, auf welchen konkreten Vorkommnissen beruhen sie? Lässt sich durch einen Blick auf die Perspektive des/der anderen ein Stück nachvollziehen, wie es zu diesen Vorkommnissen kam? Sind evtl. Missverständnisse im Spiel? Worum ging es den Beteiligten eigentlich? Gibt es ein Bedauern für Entgleisungen und den ehrlichen Wunsch nach einem Neuanfang?

Dieser Blick auf die menschliche Seite des Konflikts macht den Weg frei für eine faire und konstruktive Bearbeitung der anstehenden Sachthemen.

Möglicherweise gibt es nur zwischen einigen der Anwesenden diese direkten, persönlichen Verstrickungen. Sie können dann eventuell auch in einem separaten Klärungsgespräch angegangen werden. Für diese Gespräche sollte ein vertraulicher Rahmen vorgesehen werden. Denn wer möchte schon vor der Öffentlichkeit über schwierige persönliche Themen reden?

Vertraulich – öffentlich

Die Frage der Vertraulichkeit ist also bei der politischen Mediation weniger eine Frage des Prinzips als der jeweiligen Arbeitsschritte und Gesprächsebenen. Es darf deshalb durchaus ein Mix aus öffentlichen Phasen, internen, halböffentlichen Gruppenphasen und vertraulichen Klärungsgesprächen geben.

Außer zur Klärung von emotionalen Befindlichkeiten und Beziehungskonflikten könnte eine Vertraulichkeit oder Halböffentlichkeit auch sinnvoll sein, wenn es um das Entwerfen neuer Lösungsideen geht. Denn das freie Phantasieren im Rahmen von Brainstormings könnte gehemmt werden, wenn die Beteiligten sich am nächsten Tag in Zeitungskommentaren wegen unausgegorener Ideen zum Gespött gemacht sehen könnten.

Sensibel kann auch das Aushandeln von Übereinkünften sein. Manchmal wollen die Interessengruppen nicht einmal im vertraulichen Rahmen der anderen Seite ihre Verhandlungs-Spielräume offen eingestehen, geschweige denn vor einer größeren Öffentlichkeit. In solchen Situationen kann eine Pendel-Mediationsphase angebracht sein, in der die Interessengruppen separat beraten und die Mediator/innen in vertraulichen Einzelgesprächen die Angebote, Optionen und Schmerzgrenzen der jeweiligen Gruppe erfahren. Was davon an die anderen Gruppen weitergegeben werden darf, bestimmen die Interessengruppen.

Vergangenheit – Gegenwart – Zukunft

Der Konfliktklärungs-Prozess durchläuft sinnvollerweise – ausgehend von der aktuellen krisenhaften Situation und der Aufstellung der zu behandelnden Themen – eine Phase der Vergangenheitsbetrachtung und -aufarbeitung, eine Phase der gegenwartsbezogenen Problembenennung und Sachdiskussion und eine Phase der zukunftsorientierten guten Lösungen. Wie in jeder Mediation wird es auch »Rückfälle« geben wie z.B. emotionale Eskalationen während der Sachdiskussion, die nochmals eine Bearbeitung der Beziehungsebene notwendig machen. Oder Problemanzeigen, die von der Zukunftsvision nochmals zur Sachdiskussion zurückführen. Diese Schleifen dürfen sein, andernfalls könnte sich die erzielte Übereinkunft als brüchig, weil nicht auf festem Grund erweisen.

Was den Ablauf der Vermittlungsgespräche ebenfalls bremsen oder durcheinander bringen kann, sind Vorfälle zwischen den einzelnen Sitzungen, die für Empörung sorgen. Diese außerplanmäßigen Themen müssen als »Störungen« zuerst bearbeitet werden, damit die konstruktive Grundhaltung wieder Oberhand gewinnt.

Die Umsetzungsphase im Spannungsfeld juristischer Grenzen und politischer Unwägbarkeiten

Legitimation durch Konsens

Dem Wesen der Demokratie (= Volksherrschaft) dürfte es am meisten entsprechen, wenn tatsächlich das gesamte Volk die wichtigen Entscheidungen über das Gemeinwohl trifft. Das ist in der Bundesrepublik Deutschland nicht gewollt: In der Parlamentarischen Demokratie entscheiden im Regelfall nur die vom Volk gewählten Abgeordneten in den Parlamenten. Unter bestimmten Voraussetzungen gibt es auf der kommunalen und der Länder-Ebene die Möglichkeit von Volksentscheiden. Volksentscheide auf Bundesebene sind – außer bei der Neuordnung von Bundesländern – nicht vorgesehen. Dies führt des Öfteren dazu, dass wichtige politische Entscheidungen gegen den in Umfragen ermittelten Bevölkerungswillen getroffen und umgesetzt werden. Zur Begründung wird unter anderem genannt, dass Meinungsumfragen nur Stimmungen in der Bevölkerung abrufen würden, die von der jeweiligen tagespolitischen Situation beeinflusst seien, dass die Befragten nicht informiert genug seien und dass die Gefahr bestehe, dass z.B. nach grausamen Verbrechen die Todesstrafe eingeführt werden könnte oder andere nichtakzeptable Entscheidungen getroffen würden.

Unabhängig wie stichhaltig diese Begründungen waren und sind, stellen im Konsens getroffene Entscheidungen von Runden Tischen eine neue Anfrage an unser Demokratieverständnis: Hier setzen sich gut informierte Bürger/innen mit Vertreter/innen der von dem Thema betroffenen Organisationen, Verbände, Behörden und Einrichtungen intensiv auseinander, bis sie eine für alle akzeptable Lösung finden. Dabei werden keine Minderheiten überstimmt und die Entscheidungen müssen im Rahmen der Verfassung liegen. Könnte es eine idealere demokratische Entscheidung geben?

Eingewendet werden kann hier, dass möglicherweise doch nicht alle betroffenen oder interessierten Menschen beteiligt waren – z.B. Kinder, Jugendliche, politisch nicht engagierte oder meinungslose Bürger/innen oder zukünftige Generationen. Zudem kann bemängelt werden, dass die Teilnehmer/innen an einem Runden Tisch nicht durch die Gesamtbevölkerung ausgewählt werden, sondern durch die beteiligten Interessengruppen. Diese Einwände sind ernst zu nehmen, könnten aber in ähnlicher Weise auch gegenüber der repräsentativen Demokratie vorgebracht werden.

Zwei wesentliche Vorteile einer konsensualen Konfliktklärung am Runden Tisch sind, dass der Streit zwischen denen, die ihn haben, ausgetragen wird und dass er einvernehmlich gelöst wird. Dies ist sicherlich für das Gemeinwohl förderlicher, als Mehrheitsabstimmungen »abgehobener« Gremien, die Verlierer hinterlassen und den sozialen Frieden nicht herstellen. Diese Vorteile gelten freilich nur für Verfahren, die mit Konsensprinzip arbeiten. Sobald es bei einem Runden Tisch überstimmte Minderheiten gibt, kann zu Recht die Frage gestellt werden, ob diese Minderheit in der Gesamtbürger/innenschaft nicht vielleicht doch größer ist oder sogar eine Mehrheit hat. Dies ließe sich jedoch durch einen Bürger- oder Volksentscheid über das Mediationsergebnis feststellen.

Die rechtlichen Hürden

Selbst wenn die Parlamentarier/innen bereit wären, ihre Entscheidungsmacht zugunsten der Konsensergebnisse eines Runden Tisches zurückzustellen, müssen politische Entscheidungen von den dafür zuständigen Gremien behandelt und abgesegnet werden. Gegen eine nur formale Bestätigung der Übereinkünfte gibt es deshalb juristische Bedenken. Außerdem kann jede/r Abgeordnete für sich selbst entscheiden, ob er oder sie die Ergebnisse doch in Frage stellen will und sie ablehnt. Dies dürfte aber eigentlich nur auf der Basis des parlamentarischen Selbstverständnisses und des abgelegten Eides geschehen, dem Gemeinwohl zu dienen. Eine Sicherheit der Übernahme der Lösungen des Runden Tisches ist also nicht gegeben, aber doch hoch.

Abhilfe könnte schaffen, wenn die Konfliktparteien untereinander Privatverträge eingehen, um auf diese Weise eine Bindungswirkung für ihre Vereinbarungen herzustellen. Das könnte allerdings aufwändig werden, falls eine Vielzahl von Lösungsvorschlägen mit unterschiedlichen Beteiligten ausgehandelt wurde.

Bei Planungsverfahren ist es üblich, dass zwischen Verwaltung und ProjektträgerIn nach politischen Beschlüssen so genannte städtebauliche Verträge abgeschlossen werden. Eine Mediationsvereinbarung könnte also auch zu einem solchen Vertrag umgewandelt werden.

Politische Unwägbarkeiten

Was bleibt sind rechtlich unverbindliche, aber politisch verpflichtende Erklärungen der Entscheidungsträger/innen, die Ergebnisse des Runden Tisches wohlwollend zu prüfen und nur bei gravierenden juristischen oder fachlichen Mängeln abzuändern, ohne die Grundpfeiler der Lösung anzutasten. Diese Selbstverpflichtungen eines Parlaments oder von Parlamentarier/innen sollten schon vor Beginn der Vermittlungsgespräche eingeholt und von Verantwortlichen (Fraktionsvorsitzenden, parlamentarische GeschäftsführerIn) ausgesprochen werden. Damit ist diese Erklärung nicht mehr abhängig vom Wohlwollen einzelner Politiker/innen, sondern sie wird strukturell gefestigt. So können auch Wahlen, Rücktritte oder andere politische Unwägbarkeiten gemindert werden. Gänzlich ausgeschlossen werden können sie jedoch nicht.

Eine weitere Dimension ist die praktische Umsetzung der Beschlüsse durch die Verwaltung. Auch hier können durch Regierungswechsel Ämter neu besetzt und die Umsetzung der Beschlüsse der vorangegangenen Regierung torpediert werden. Ähnliches könnte für Unternehmen und andere Projektträger/innen gelten.

Eine aufmerksame Begleitgruppe mit einem guten Draht in die Öffentlichkeit könnte solchen Gefahren gegensteuern. Letztlich kommt bei solch informellen Verfahren dem politischen Konsens oder dem öffentlichen Druck eine grundlegende Bedeutung zu.

Blick auf Konflikte und Mediation aus der Sicht von Politik und Verwaltung

Gastbeitrag von Sascha Boettcher

Politiker/innen und Verwaltungskräfe sind nicht nur Funktions-träger/innen, sondern auch Menschen. Gerade im Konflikt[28] ist es wichtig, dies zu sehen und ihnen mit einer entsprechenden Einstellung zu begegnen. Sind die Erwartungen an ihre Leistungs- und Entscheidungsmöglichkeiten zu hoch, werden leicht Grenzen übertreten. Das bedeutet, dass auch bei ihnen Interessen, Gefühle und Bedürfnisse zu berücksichtigen sind.

»Hilfe holen – bloß nicht!«[29]

In den letzten Jahren wird verstärkt das Thema »Öffentlich-keitsbeteiligung« oder »Bürgerbeteiligung« im Kontext von Dialogprozessen diskutiert. Vielfach sind Forderungen und gut gemeinte Ratschläge zu vernehmen wie: »Dafür sollte Politik und Verwaltung die Hilfe erfahrener Dialogexpert/innen einschal-ten.« Doch wie klingen solche oder ähnliche Empfehlungen in den Ohren von Politik und Verwaltung?[30]

Dialogexpert/innen können nur dann erfolgreich sein, wenn sie verstehen, wie Politik und Verwaltung arbeiten und denken. Die institutionelle Kommunikationskompetenz ist eine zentrale Vo-raussetzung für einen erfolgreichen Mediationsprozess.[31]

Ausgangslage / Spannungsfeld

Häufig werden die funktionalen und personellen Rollen von Poli-tiker/innen und Verwaltungsmitarbeiter/innen vermischt. Legis-

---

[28] Die Unterscheidung von institutionellen und individuellen oder strukturellen und individuellen Konfliktfeldern erhöht zusätzlich die Komplexität. Siehe auch zur Konflikttypologie: Glasl, Friedrich: Konfliktmanagement, 8. Auflage, S. 59.

[29] Regina Michalik in: Perspektive Mediation (4/2008), S. 190.

[30] Siehe zur Scheu der Einschaltung externer Berater die Forschung von Rudolf Fisch in: Beck/Fisch: Komplexitätsmanagement (2004), S. 319–345.

[31] Siehe dazu auch das Kapitel »Kriterien für gelingende politische Mediation«, S. 28 in diesem Buch.

lative und Exekutive werden nicht differenziert wahrgenommen. Ein Beispiel ist die Bundesebene mit Regierung und Ministerien auf der einen und dem Bundestag mit seinen Ausschüssen auf der anderen Seite. Eine Ursache für diese Vermischung ist wohl darin zu sehen, dass die wichtigsten Protagonist/innen in der Regel Doppelrollen inne haben. Ähnlich sieht es auf kommunaler Ebene mit den politisch gewählten Bürgermeister/innen aus, die gleichzeitig Verwaltungschefs sind.

Auf allen föderalen Ebenen kommt es zu Vermischungen und Rollenkonflikten. Nicht immer ist den Beteiligten klar, welche Ebene zuständig und verantwortlich – also entscheidungsbefugt – und welche Ebene nur tangiert ist. In Dialogverfahren gilt es, die vielschichtigen politischen Rahmenbedingungen zu berücksichtigen.

Die Komplexität ist oft auch der Grund für die Intransparenz in Beteiligungsverfahren. Dies kann die Vorurteile der Beteiligten befeuern – wenn z.B. auf »die in Brüssel« geschimpft wird. Oft lassen sich solche (Vor-)Urteile nur schwer überprüfen und liefern dann eine auf den ersten Blick plausible Begründung für Fehlentwicklungen, die in Wirklichkeit eine andere Ursache haben. Analog ist es auch leicht, pauschal die Verwaltung oder Politik für die ein oder andere Fehlentwicklung in Haftung zu nehmen.

Zu Konflikten kann auch die knappe Zeit oder der gefühlte Zeitdruck führen.[32] In vielen Fällen gibt es zudem interne Konfliktfelder zwischen Politik und Verwaltung.[33] Die Interessenlagen, Ausstattungsmöglichkeiten und Ressourcen (z.B. personell, finanziell) sind unterschiedlich, was die Lösungsfindung in komplexen gesellschaftlichen Prozessen erschwert.

In der Tradition der Verwaltung sind Konflikte nicht vorgesehen, sie sollen durch Gesetze und ein hierarchisches System vermieden werden. Wer mit dieser Perspektive auf das Verwaltungshandeln schaut, bekommt eine Vorstellung, welche Sorgen und Ängste sich mit massiven Konflikten verbinden. Ganz anders ist die Sicht der Mediator/innen. Für sie sind Konflikte etwas

---

[32] Zu den Auswirkungen: Niklas Luhmann: Politische Planung (1971), 4. Auflage, S. 143.

[33] Vgl. zum Thema Grenze zwischen den Teilsystemen Politik und Verwaltung: Luhmann a.a.O. S. 81 f.

60

Positives. Konflikte lassen sich bearbeiten, Lösungen lassen sich gemeinsam entwickeln.

A. Grundsätze des Verwaltungshandelns[34]

Um die Sichtweise einer Verwaltung zu verstehen, ist es hilfreich, sich die Grundsätze für Verwaltungshandeln vor Augen zu führen. Jede Verwaltung handelt nach den drei Grundsätzen »Vorrang des Gesetzes«[35], »Vorbehalt des Gesetzes«[36] und »Verhältnismäßigkeit«[37].

1. »Vorrang des Gesetzes« bedeutet, dass kein Handeln gegen das Gesetz erfolgt.

2. »Vorbehalt des Gesetzes« bedeutet, dass niemand in der Verwaltung ohne rechtliche Grundlage, also ohne Gesetz handelt.

3. Mit »Verhältnismäßigkeit« ist gemeint, dass die Verwaltung nicht stärker in die Rechte der Bürger eingreifen darf, als es der Zweck der Maßnahmen erfordert.

Im zweiten Grundsatz wird bereits deutlich, warum sich Verwaltungen so schwer tun mit informellen oder begleitenden Verfahren, welche die rechtlich formalisierten Verfahren (z.B. der Bauleitplanung) ergänzen und erweitern. Für Mitarbeiter/innen in der Verwaltung ist kaum vorstellbar, dass sie ein Projekt durch ein Dialogverfahren parallel zu den formellen rechtlichen Verfahren oder im Vorfeld durchführen, ohne dazu berechtigt oder befugt zu sein. Es stellt sich sofort die dienstrechtliche Frage: »Darf ich das?«.

Eine nicht unerhebliche Rolle spielen auch die Haushaltszwänge. Es wird argumentiert: Was gesetzlich zulässig oder vorgeschrieben ist, dafür gibt es auch ein Budget. Falls nicht, muss ein Nachtragshaushalt beschlossen werden, damit die Sache rechtlich handhabbar ist. »Freiwillige Dialogverfahren« sind, auch wenn sie in der Gesamtheit Kosten sparen, nur mit Hürden haushal-

---

[34] Hartmut Maurer: Allgemeines Verwaltungsrecht, 18. Auflage, § 6.

[35] a.a.O. Rn. 2.

[36] a.a.O. Rn. 3, sowie Jörn Ipsen: Allgemeines Verwaltungsrecht, 6. Auflage, Rn. 612.

[37] a.a.O. § 10 Rn. 17.

terisch in den Griff zu bekommen, sie bedeuten Zusatzarbeiten oder Probleme, die eigentlich an anderer Stelle zu lösen wären. Der neue § 25 Abs. 3 Verwaltungsverfahrensgesetz (VwVfG), § 43 g Energiewirtschaftsgesetz (ENWG) und andere gesetzliche Regelungen helfen der Verwaltung, hier Spielräume zu gewinnen, um diese Hindernisse leichter überwinden oder den rechtlich vorgeschriebenen Rahmen einhalten zu können.

Vor dem Hintergrund des Grundsatzes der Verhältnismäßigkeit sieht sich die Verwaltung funktional und qua Amt berufen, eine Vermittlerrolle als Moderatorin oder Mediatorin auszuüben. Die Verwaltung hat z.B. als Genehmigungsbehörde die unterschiedlichen Interessen anzuhören, abzuwägen und in einen Ausgleich zu bringen.

Die Grundsätze des Verwaltungshandelns stellen die Unabhängigkeit der Verwaltung, ihre Bindung an Recht und Ordnung (kein Handeln aus Willkür) und ihre Orientierung an Grundsätzen der Fairness und Gerechtigkeit sicher.

Um Dialogverfahren sinnvoll gestalten zu können, ist es wichtig zu wissen, welchen gesetzlichen Entscheidungsspielraum eine Verwaltung hat. Zu unterscheiden ist zwischen gebundenen Entscheidungen[38] und Ermessens-Entscheidungen[39]. Das eine ist sozusagen die Pflicht, das andere die Kür. Bei gebundenen Entscheidungen können die Ergebnisse des Dialogverfahrens nur erfolgreich implementiert werden, wenn die Antragsteller/innen ihnen auch zugestimmt haben. Bei Ermessensentscheidungen gibt es eine wesentlich größere Flexibilität auch für die Dialogbegleiter/innen.

B. Politischer Einfluss

Ein weiterer wichtiger Punkt, der die Sichtweise der Verwaltung beeinflusst, ist die politische Einflussnahme oder der Versuch der politischen Einflussnahme. Insbesonder in kleinen Gemeinden ist die Wahrscheinlichkeit hoch, dass Konfliktbeteiligte versuchen,

---

[38] Maurer § 7 Rn. 10, z.B. immissionsschutzrechtliche Genehmigungen sind bei Vorliegen der gesetzlichen Voraussetzungen zu erteilen.

[39] a.a.O. Rn. 6f, zum Planungsermessen siehe auch Freiberger Handbuch zum Baurecht, § 16 Rn. 42.

auf Entscheidungen der Verwaltung einzuwirken. Damit ist nicht gemeint, dass es per se unzulässig ist, auf die Arbeit der Verwaltung Einfluss zu nehmen. Es kann aber schnell der Vorwurf einer zu großen Nähe beispielsweise zwischen Vorhabenträger und Verwaltung aufkommen. Die Verwaltung und ihre Mitarbeiter/innen bewegen sich zudem im Spannungsfeld zwischen fachlicher Unabhängigkeit und politischer Abhängigkeit. Die Verwaltung ist fachlich unabhängig und soll es auch sein, zugleich wird sie aber von der Politik finanziert.

C. Historie

Ein kurzer Blick zurück in die Geschichte von Beteiligungsverfahren zeigt, dass der Erörterungstermin über Jahrzehnte die wohl wichtigste Beteiligungsmethode war. Wichtige Funktionen des Erörterungstermins wie Austausch und Dialog gerieten mehr und mehr in den Hintergrund, im Vordergrund stand zunehmend das Prinzip juristischer Fehlerfreiheit. So wurden Verwaltungsmitarbeiter/innen, die einen Erörterungstermin zu leiten hatten, von Jurist/innen dahingehend gecoacht[40], auf rechtlich nicht justiziable oder schwer justiziable Themen ausführlich einzugehen und Themen, die in der rechtlichen Abwägung fragwürdig waren, nur kurz anzusprechen. Den Kritiker/innen wurde eine ausführliche Diskussion und Detailanalyse zu Punkten oder Themen »aufgenötigt«, die später nicht juristisch überprüfbar oder relevant waren. Es wurde also über Punkte diskutiert, die nie zur Rechtswidrigkeit der Genehmigung oder des Verfahrens geführt hätten, egal ob Variante A oder B entschieden worden wäre. Die juristisch relevanten Punkte wurden nur kurz behandelt. Daran sieht man, dass jede Prozessleitung eine Machstellung verleiht, die man so oder so ausüben kann.

Der Wandel vom Prinzip der beschränkten Aktenöffentlichkeit zu transparenten Akten und Verfahren ist zudem noch nicht von allen Verwaltungen verinnerlicht worden. Die durch die europäische Ebene geförderte Reform hat zwar dazu geführt, dass die

---

[40]   Hier greift der Verfasser auf persönliche Erlebnisse und Ausbildungsmodule zurück, die seine Auffassung bestärkt haben, dass Mediation für eine funktionierende Gesellschaft unerlässlich ist.

Beteiligten einen gleichgewichtigeren Zugang zu Informationen haben, das grundsätzliche Ungleichgewicht ist aber noch nicht überwunden. Man sollte meinen, dass es ganz im Sinne einer transparenten Verwaltung ist, frühzeitig in einen Dialog einzutreten. Doch Hindernisse bleiben.[41]

D. Rollenkonflikt erkennbar

Die Verwaltung sieht sich qua Funktion und Rollenverständnis in einer Vermittlungsrolle und versteht sich als »geborene Leiterin« eines Dialogprozesses. Diese Sichtweise deckt sich mit der historischen Entwicklung (Leitung des Erörterungstermins, Leitung der Genehmigungsverfahren, Planfeststellung, Raumordnung), ein solches Rollenverständnis kommt auch klar in Interviews und Gesprächsrunden zum Ausdruck. Auf die Themen Rollenkonflikt und Parteilichkeit angesprochen, sehen Verwaltungsmitarbeiter/innen häufig erst nach ausführlichen Gesprächen ein, dass sie trotz ihrer Haltung und inneren Einstellung im Verfahren nicht als unparteiisch und neutral wahrgenommen werden. Es fehlt das Bewusstsein, dass ein Rollenkonflikt besteht. Dies erklärt, warum die Kommunikation zwischen Verwaltung und Betroffenen oft gestört ist.

Um einen Rollenkonflikt bei der Auftragsvergabe zu verhindern und damit die Akzeptanz bei den Betroffenen zu erhöhen, kann das »Denken in zwei Kreisen« hilfreich sein.[42] Zunächst wird mit einer oberen Verwaltungsbehörde der Rahmen einer möglichen Mediation festgelegt, dann wird mit den Beteiligten in einem zweiten Schritt eine Mediationsvereinbarung geschlossen. An der Aushandlung dieser Vereinbarung ist dann die Fachbehörde oder Fachabteilung als eigenständige Partei beteiligt.[43] Es ist zu hoffen, dass das Denken in zwei Kreisen der Verwaltung Motivation und Sicherheit gibt, im Rahmen ihres Verwaltungshandels vermehrt neue Formen der Beteiligung zu nutzen.

---

[41] Siehe dazu Auflistung bei Dieter Kostka: Praxishandbuch Mediation (2010), S. 362.

[42] Büsser/Wassermann in: Perspektive Mediation (2011/3), S. 148. Siehe auch Wiederabdruck in der vorliegenden Publikation im Teil »Praxisbeispiele«.

[43] Zu den Einzelheiten a.a.O.

E. Bedenken gegen mehr Beteiligung[44]

Immer wieder kommt in Gesprächen mit Mitarbeiter/innen der Verwaltung die Sorge zum Ausdruck, dass mehr Bürgerbeteiligung einen höheren Arbeitsaufwand bedeute. Der Aufwand übersteige die Kapazitäten um ein Vielfaches. Dieser Aspekt ist aufgrund der angespannten Haushaltslage und der damit verbundenen Personalknappheit in der Verwaltung nicht von der Hand zu weisen. Allerdings versperrt das Denken in Bereichen und Zuständigkeiten den Gesamtblick. Wenn durch einen Dialogprozess Rechtsstreitigkeiten und Gerichtsverfahren vermieden werden, entlastet dies die einzelnen Verwaltungsmitarbeiter/innen nicht. Denn etwaige juristische Auseinandersetzungen werden im Nachgang von der Rechtsabteilung durchgefochten. Warum sollte sich der betroffene Mitarbeiter also mehr Arbeit auf den Tisch holen? Zudem steht die Verwaltung im Dilemma zwischen Teilhabe[45] und der Notwendigkeit, ein Verfahren zügig abzuschließen. Außerdem scheint es für eine Verwaltung nicht möglich, auf emotionale Argumente zu reagieren. Mehr Beteiligung kann zudem auch als Kontrollverlust wahrgenommen werden.

Politik

Politik- oder Politikerschelte ist in den Medien oder bei Stammtischdiskussionen ein beliebtes Spiel. Oft ist der Blick negativ geprägt, weil die Kritiker/innen nur aus einer bestimmten Perspektive auf die Politik blicken. Auch Mediator/innen sind versucht zu urteilen oder weise Ratschläge zu geben. Es ist hilfreich, die Perspektive von Politiker/innen zu verstehen und ihre Sichtweise nachvollziehen zu können. Damit wird es möglich, die Probleme politischer Kommunikation in ihren verschiedenen Handlungs- und Politikfeldern sichtbar zu machen.[46]

---

44   Siehe Veröffentlichung der Bertelsmann Stiftung: Mehr Transparenz und Bürgerbeteiligung, S. 33.

45   In den letzten Jahren gibt es eine Vielzahl von Forderungen, die Betroffenen und die Bürger/innen in Verfahren einzubeziehen.

46   Siehe dazu ausführlich Jarren, Sarcinelli, Saxer: Politische Kommunikation in der demokratischen Gesellschaft.

65

A. Motivation

Für die Entscheidung, Politiker/in zu werden, ist eine wichtige Motivation, dem Gemeinwohl zu dienen. Politiker/innen wollen etwas Positives für die Gesellschaft leisten. Dies scheint dem allgemein wahrgenommenen oder vorgeworfenen Eigeninteressen diametral zu widersprechen. Doch die Sicht auf das Allgemeinwohlinteresse ist von der eigenen Sozialisation, Herkunft und persönlichen Lebenseinstellung geprägt. Die Einschätzung, was das Allgemeinwohl ausmacht, kann sehr unterschiedlich sein.

Zudem stellt sich die Machtfrage. Warum sollen Politiker/innen einen Dialog oder eine Mediation durchführen, wenn sie sich doch als stärkere Seite durchsetzen können und die Bürger/innen lediglich ihre Partikularinteressen einbringen und notwendige Entscheidungen nur verzögern wollen.[47] Gleiches gilt für die Verwaltung. Auf der einen Seite wird eine politische Kultur des »Durchsetzen-Müssens« gepflegt, ihr steht eine Kultur des Überzeugungens gegenüber.[48]

B. Interessen

Das wichtigste Interesse von Politiker/innen ist nach gängiger Meinung die Wiederwahl. Aber warum möchten Politiker/innen wieder gewählt werden? Oft möchten sie einen begonnen Weg fortführen und ihre Vorstellungen von Allgemeinwohl fortentwickeln. Letzlich geht es auch um eine Bestätigung – oder Revision – der eigenen politischen Arbeit. In einem Dialogverfahren ist es wichtig, diese Interessen der Politiker/innen im Prozess zu berücksichtigen.

C. Gefühlter Kompetenzverlust

Oft begegnet mir die Aussage von Politiker/innen, dass durch mehr Runde Tische oder Mediationen Kompetenzen abgegeben werden müssten und Dialogverfahren auch nicht zu besseren

---

[47] Vgl. dazu Ursula König in: Perspektive der Mediation 4/12, S. 223.

[48] Vgl. König a.a.O.

Entscheidungen führten.[49] Oft werden hier Entscheidungskompetenzen (Macht) und Kompetenzgewinne (Qualität), die durch legitimierte und unterstützende Verfahren erreicht werden, verwechselt. Dialogverfahren stellen die politischen Entscheidungsbefugnisse von Politik und Verwaltung nicht in Frage. Auch die inhaltlichen Kompetenzen der demokratisch gewählten Vertreter/innen sollten anerkannt und respektiert werden. Allerdings geben die Verantwortungsträger/innen ihre alleinige Entscheidungsmacht über Inhalte ab, wenn sie einen professionellen Dialog unterstützen, mit dem qualitativ bessere Lösungen für strittige Themen gefunden werden. Für die Akzeptanz von Dialogverfahren ist es wichtig, dass Dialoge von Politik und Verwaltung als nützlich und unterstützend wahrgenommen werden. Gelingt dies, führt dies in der Regel dazu, dass die abschließende Entscheidung[50] dem Dialogergebnis entspricht.

D. Lobbyismus

Wer über die abschließende Entscheidung spricht, muss auch über Lobbyismus sprechen. Der Lobbyismus hat sich aus dem System der Politik oder im Umfeld der Politik entwickelt und etabliert. Die Arbeit der Lobbyisten ist demokratisch nicht verankert, hat aber eine große Auswirkung auf die Sichtweisen und Handlungen von Politiker/innen. Die Praxis zeigt, das ressourcenstarke Lobbygruppen näher an der Politik sind als eher ressourcenschwache Interessengruppen oder einzelne Bürger/innen. Ein Dialogprozess hilft dabei, die Macht der Lobbyisten zu begrenzen. Vorschläge, die von allen Konfliktbeteiligten erarbeitet werden, weisen eine größere demokratische Legitimation auf. Zudem werden durch eine allparteiliche Dialogbegleitung Machtungleichgewichte thematisiert und – soweit es geht – ausgeglichen.

---

[49] An dieser Stelle ist darauf hinzuweisen, dass immer wieder plebiszitäre Verfahren und Mediation unter einen Oberbegriff subsumiert werden und somit falsche Konsequenzen und Eindrücke über Erfolg oder Misserfolg dieser Instrumente gezogen werden.

[50] die das demokratisch legitimiert Organ aus Politik oder Verwaltung fällt.

E. Dürfen Politiker/innen Mensch sein?

Politiker/innen werden in Dialogverfahren als Personen des öffentlichen Lebens wahrgenommen und müssen sich auch so präsentieren. Sie können bestimmte Emotionen oder persönliche Wünsche nicht offen zeigen. Es bedarf eines geschützten Rahmens, in dem offen gesprochen werden kann. Um einen Dialog oder eine Mediation erfolgversprechend zu gestalten, brauchen die Teilnehmer/innen Sicherheit und Offenheit. Durch die permanente Beobachtung, z.B. einer laufenden Kamera wird die Unsicherheit in einer bereits schwierigen Situation (Konfliktfall) zusätzlich verstärkt. Die Wirkungen sind kontraproduktiv.

F. Komplexitätsvergrößerung

Großprojekte und die gesellschaftlichen Diskussionen darüber bergen eine nicht zu unterschätzende Komplexität in sich. Kommt nun noch die Forderung hinzu, einen Dialog mit allen Konfliktparteien zu führen, sehen sich Politik und Verwaltung inhaltlich und strukturell oft überfordert.[51] Dem kann zwar entgegengewirkt werden, indem der Dialog nur mit einer repräsentativen Auswahl aller Konfliktparteien geführt wird. Je nachdem, wie das konkret ausgestaltet wird, kann das jedoch demokratietheoretisch problematisch sein.[52]

Vielen Menschen aus Politik und Verwaltung fällt es deshalb schwer, Dialogverfahren als hilfreiches Instrument wahrzunehmen, geschweige denn einzusetzen. Deshalb braucht die Mediation im öffentlichen Bereich kreative Ansätze, die die besonderen Rahmenbedingungen, unter denen öffentliche Dialogprozesse durchgeführt werden, berücksichtigen.[53] Ist es z.B. sinnvoll, eine Mediation kurz vor einer Wahl zu beginnen? Wie kann die Erwartung eines schnelles Ergebnisses und das Ziel einer nachhaltigen

---

[51] Burkhard Wehner: Wer ist Schuld am Demokratieversagen, u.a. zum Thema Überforderung, www.reformforum-neopolis.de.

[52] In Diskussionen kommt immer wieder das Argument, dass nur die Gegner und Verweigerer beteiligt werden und die »schweigende Mehrheit« nicht mit am Tisch sitzt, obwohl sie zu dem Vorhaben möglicherweise positiv eingestellt ist (z.B. Nutzer/nnen eines Flughafens oder Bahnhofs).

[53] Hierzu werfen Meyer/Oldenburg und Sellnow interessante Fragen auf, die an dieser Stelle nicht weiter erörtert werden können. In: ZKM, Heft 3/2003, S.130.

Lösung in Einklang gebracht werden? Gibt es eine Ergebnisoffenheit oder sind bereits einschränkende (Vor-)Entscheidungen getroffen worden? Zudem müssen die Ergebnisse eines Dialogverfahrens in ein formelles Verwaltungsverfahren überführt werden.[54]

Kurzum: VerwaltungsmitarbeiterInnen und PolitikerInnen wollen nicht durch Fachleute bevormundet, sondern in ihrer Situation gesehen und anerkannt werden.

Zusammenfassende Schlussbemerkung

Geschützte Dialogräume helfen, mit Politiker/innen einen wertschätzende Dialog zu führen. Ziel sollte es sein, einen Rahmen zu schaffen, in dem Politiker/innen offen sprechen können. Unter Umständen ist es hilfreich, Politiker/innen erst zu einem späteren Zeitpunkt in den Dialog einzubeziehen und zunächst nur als Beobachter/innen teilnehmen zu lassen.[55]

Gerade in der Pre-Mediationsphase ist es wichtig, die Interessen und Sichtweisen aller Beteiligten wertschätzend zu berücksichtigen, um einen guten Start des Dialoges oder der Mediation zu ermöglichen.

Der Ökonom und ehemalige Chefvolkswirt der Europäischen Zentralbank Otmar Issing hat den Prozess der Entscheidungsvorbereitung prägnant benannt: »Große, wichtige Themen verlangen in einer Demokratie nach ernsthaften, intensiven Diskussionen, in der Öffentlichkeit wie im Parlament. Dort gilt es, das Für und Wider abzuwägen und die Entscheidung entsprechend zu begründen...«[56]

Das Zitat ließe sich ergänzen: »...und brauchen eine ernsthafte, intensive sowie konstruktive Auseinandersetzung nicht nur in, sondern gemeinsam mit der Öffentlichkeit.«

---

54   In: Perspektive Mediation (2011/3), S. 145.

55   Siehe oben Kapitel »Kriterien für gelingende politische Mediation: Beteiligung aller relevanten Konfliktparteien« in diesem Buch, S. 28 f.

56   vgl. Frankfurter Allgemeine Zeitung (2012)

Dialogverfahren und Runde Tische in der Diskussion

Die Kunst, sich nicht über den Runden Tisch ziehen zu lassen

Unter diesem Titel haben Corinna Fischer, Malte Schophaus, Matthias Trénel und Annette Wallentin im Jahr 2003 einen von der Stiftung Mitarbeit herausgegebenen Leitfaden für Bürger/inneninitiativen in Beteiligungsverfahren zusammengestellt.[57] Sie konstatieren einerseits, dass Beteiligungsverfahren oft einvernehmliche und von breiten Mehrheiten getragene gesellschaftliche Lösungen herbeigeführt haben, verweisen jedoch andererseits auf die vielfache Erfahrung, dass dabei nicht immer alle Interessengruppen faire Einflusschancen haben. Den daraus erwachsenen Frust hat ein Vertreter der Lokalen Agenda 21 in Berlin in die Worte gefasst: »Wir haben keine Lust mehr auf Konsensgerede.«[58]

Die Autor/innen wollen mit ihrem Leitfaden Bürger/inneninitiativen darin unterstützen, vorgeschlagene Beteiligungsverfahren zu bewerten und Bedingungen einer erfolgreichen Beteiligung einzufordern. In praxisorientierten Checklisten stellen sie dazu hilfreiche Fragen zusammen, die auf mögliche Gefahren und notwendige Klärungen innerhalb der Initiativen aufmerksam machen.

---

[57] vgl. Fischer, Corinna/ Schophaus, Malte/ Trénel, Matthias/ Wallentin, Annette (hrsg. von Stiftung Mitarbeit): Die Kunst, sich nicht über den Runden Tisch ziehen zu lassen. Ein Leitfaden für Bürger/inneninitiativen in Beteiligungsverfahren. Verlag Stiftung Mitarbeit, Bonn 2003

[58] ebd. S. 11.

CHECKLISTEN FÜR BÜRGER/INNENINITIATIVEN IN BETEILIGUNGSVERFAHREN

Zielformulierung

- Sind wir uns über unsere Ziele wirklich im Klaren?

- Welche maximalen, aber auch welche minimalen Ziele verfolgen wir?

- Welche positiven und welche negativen Effekte wird unsere Mitwirkung am Beteiligungsverfahren haben? Stehen der Nutzen und der Aufwand in einem akzeptablen Verhältnis?

Politische Wirksamkeit

- Werden die für uns relevanten Fragen in dem Verfahren behandelt?

- Können unsere bevorzugten Lösungen in das Ergebnis einfließen?

- Haben wir die Chance, den Auftrag des Verfahrens mit zu formulieren, um diese beiden Aspekte zu garantieren?

- Wodurch wird gesichert, dass die Ergebnisse umgesetzt werden?

- Können wir selbst dazu beitragen, dass die Ergebnisse umgesetzt werden?

Abhängigkeiten und Befangenheit

- Sind wir selbst durch finanzielle oder politische Abhängigkeiten oder durch persönliche Rücksichtnahmen in unseren strategischen Möglichkeiten eingeschränkt?
- Sind andere Verfahrensbeteiligte befangen oder abhängig und inwieweit hat das einen Einfluss auf uns?
- Gibt es durch die Finanzierung des Verfahrens oder durch die Person der Moderatorin oder des Moderators eine Schieflage?
- Haben wir Möglichkeiten, diese Schieflage zu korrigieren?
- Lohnt sich unter diesen Umständen die Beteiligung?

Ressourcen

- Welche Ressourcen werden wir im Verlauf des Beteiligungsverfahrens benötigen (Arbeitszeit, finanzielle Mittel für Gutachten, Zugang zu Informationen und Kontakten, Bekanntheitsgrad und Sympathie in der Öffentlichkeit...), um wirklich gut vorbereitet daran mitwirken zu können?
- Ist die Weiterarbeit in unseren weiteren Aktivitäten außerhalb des Verfahrens gewährleistet? Oder bedeutet der Ressourceneinsatz in das Beteiligungsverfahren, dass wir unsere anderen Aktivitäten unterbrechen müssen?
- Gibt es im Rahmen des Beteiligungsverfahrens die Möglichkeit, unsere Unkosten durch ein Finanzbudget erstatten zu lassen? Oder können wir ein solches Verfahren einfordern?
- Steht der Aufwand, den wir für das Beteiligungsverfahren betreiben müssen, in einem gesunden Verhältnis zum politischen Nutzen, den wir uns davon erwarten?

Verfahrensleitung

- Wer trifft die Auswahl über die Moderatorin oder den Moderator des Verfahrens? Können wir gemeinsam mit den anderen Beteiligten über die Auswahl mitentscheiden?
- Können wir den Moderator oder die Moderatorin als »neutrale« Person akzeptieren? Welche Interessenkonflikte könnten bei der moderierenden Person eventuell vorhanden sein, auf die wir verstärkt achten sollten?
- Nimmt die Moderatorin oder der Moderator ihre oder seine Aufgaben in der Leitung und Begleitung des Beteiligungsverfahrens wahr? Welche Tätigkeit müssen wir von ihr oder ihm noch einfordern?

Prozessgestaltung

- Erhalten wir alle relevanten Informationen über die inhaltlich anstehende Entscheidung und über das Beteiligungsverfahren rechtzeitig?
- Werden alle Verfahrensschritte und Beschlüsse dokumentiert und können wir die Dokumentation kontrollieren?
- Liegen die Termine so, dass wir gut teilnehmen können? Wie sieht es für Berufstätige oder für Menschen mit Familie aus?
- Wie wird entschieden: Konsens, Mehrheit, andere Verfahren? Können wir Schutzrechte wie ein aufschiebendes Veto oder qualifizierte Mehrheiten (z.B. 2/3 Mehrheit) durchsetzen?
- Reichen die Entscheidungsfristen aus, damit wir uns eine Meinung bilden können?
- Arbeiten Verfahrensbeteiligte mit Tricks wie Bestechung, Drohung, Spaltung, Verschleppung, Geheimabsprachen oder versuchen sie, Ressourcen zu binden?

Gesprächs- und Verhandlungsführung

- Erfüllen die Moderator/innen ihre Aufgaben (Strukturierung, Visualisierung, für faire Beteiligungschancen sorgen, Herstellen einer konstruktiven Gesprächsatmosphäre)?
- Was ist unser Verhandlungsrahmen (allgemein und für jede einzelne Sitzung)? Maximale, minimale Ziele?
- Mit welchen Strategien und Argumenten der Anderen können wir rechnen und wie reagieren wir darauf?
- Welche Ressourcen, Druckmittel und Tauschangebote können wir in »bargaining«–Prozesse einbringen?
- Sind wir rhetorisch und argumentativ auf der Höhe?
- Wie können wir auf Verhandlungstricks reagieren?
- Verläuft der Prozess noch fair oder nehmen die Verhandlungstricks überhand?

Kommunikation nach außen

- Verhandlungsmandate festlegen und im Laufe des Beteiligungsverfahrens anpassen
- Rückkopplungsmechanismen in das Beteiligungsverfahren einbauen
- Interne Kommunikation organisieren (z.B. E–Mail–Rundbrief, Mitgliederrundbrief, Vorbereitungstreffen, Website)
- Öffentlichkeitsarbeit in Abstimmung mit den anderen Verfahrensbeteiligten organisieren

Chancen und Risiken von Gesprächen mit Unternehmen

Judith Richter von der BUKO Pharma-Kampagne hat 1999 ein kritisches Papier zu »Dialog oder Konsensfabrikation? Chancen und Risiken von Gesprächen mit der Industrie« vorgelegt.[59] Bezugspunkt sind dabei Gesprächsangebote von Wirtschaftsunternehmen an Aktionsgruppen.

Richter beschreibt zunächst in einem historischen Abriss die Geschichte und Funktionen von Unternehmenskommunikation gegenüber kritischen Gruppen und Organisationen. Schon im Jahr 1923 wurden unter dem Begriff »Engineering of Consent« (Konsensfabrikation) Methoden vorgestellt, wie öffentliche Zustimmung zu den Programmen und Zielen der Auftraggeber/innen »fabriziert« werden kann. Heutige Lehrbücher erwähnten zwar, dass »Public Relations« eine Spannbreite von offener, ehrlicher bis hin zu verdeckter, manipulativer Kommunikation habe. Nirgends finde sich jedoch der Versuch einer Abschätzung, welcher Anteil der Firmenkommunikation als manipulativ anzusehen ist.

Deutlich wird, dass eine naive Gesprächsbereitschaft seitens der sozialen Bewegungen schädlich sein kann: schädlich sowohl für die Gruppen, die sich beteiligen, als auch für diejenigen, die sich fern halten. Richter beschreibt detailliert die Gefahren solcher Gespräche und die möglichen Manipulations-Techniken der Wirtschaftsunternehmen, zeigt aber auch auf, wie man sich dagegen schützen kann – und wann man solche Treffen besser ablehnen sollte. Die Chance für Aktionsgruppen, durch Dialoge Veränderungen zu bewirken, hängt nach Meinung von Richter maßgeblich davon ab, wie groß der öffentliche Druck auf das Unternehmen ist. Deshalb sei es wichtig, dass dieser Druck auch während der Gespräche nicht erlahmt, auch wenn dies kurzfristig die Teilnehmer/innen von Unternehmensseite verstimmen könne.

In einer »Checkliste zu Unternehmensdialogen« haben Judith Richter und Jörg Schaaber eine detaillierte Liste von problematischen Punkten, Prüffragen und Handlungsmöglichkeiten

---

[59] Judith Richter: Dialog oder Konsensfabrikation? Chancen und Risiken von Gesprächen mit der Industrie. Ein Leitfaden für kritische Gruppen, BUKO Pharma-Kampagne, Oktober 1999.

zusammengestellt, die sich zwar speziell auf Verhandlungen mit Unternehmen bezieht, aber großenteils auch für die Teilnahme an öffentlichen Runden Tischen verwendet werden kann. Ziel der Checkliste ist es, die Aktionsgruppen zu sensibilieren, wann und unter welchen Bedingungen die Teilnahme an solchen Runden Tischen akzeptabel ist und welche Fallen und Gefahren dort auf sie lauern können.

Viele Punkte sind im Konzept einer politischen Mediation, wie sie in dieser Veröffentlichung dargestellt wird, bereits berücksichtigt. Andere sollten als zusätzliche Problematik ernsthaft überprüft werden. Die kritische Sicht der Autor/innen macht deutlich, warum viele Protestgruppen skeptisch sind gegenüber Gesprächen mit der Gegenseite und worauf Mediator/innen achten müssen, um wirklich gleichwertige Bedingungen für alle Konfliktbeteiligten zu schaffen.

Checkliste zu Unternehmensdialogen*

Vorab: Von wem geht die Initiative zu den Gesprächen aus? Diejenige Seite, welche die Initiative ergreift, hat einen gewissen Vorteil, die Inhalte und die Gestaltung der Gesprächsrunde zu beeinflussen.

I. Chancen und Risiken eines »Dialoges«

1. Abklärung der Zielsetzungen und des Diskussionsgegenstandes

- Was ist das erklärte Ziel der Treffen?
- Sind die Ziele klar genug definiert?
- Was sind eure eigenen Ziele und Absichten?

Abwägung: Ist ein Treffen wirklich nützlich? Wie seht ihr die Chancen, eure Ziele zu erreichen?

2. Abklärung potenzieller versteckter Zielsetzungen

- Was ist der politische Kontext des Dialogangebotes?
- Warum will das Unternehmen gerade zum jetzigen Zeitpunkt mit euch reden?
- Steht das Unternehmen unter Druck?
  (Das muss nicht unbedingt der Druck von eurer Gruppe sein. Image-Transfer wird oft eingesetzt, um schmerzhaften Kritiker/innen das Wasser abzugraben. Dazu lädt man Gruppen, die in einem anderen Bereich aktiv sind, ein und zeigt so, wie gesprächsbereit man als Firma ist.)

Abwägung: Was könnte das eigentliche Ziel des Dialogangebotes sein?

---

* Richter, Judith/ Schaaber, Jörg: BUKO Pharma–Kampagne 1999 (leicht gekürzt)

3. Abklärung der Risiken, manipuliert zu werden

Gespräche können instrumentalisiert werden zur

- *Informationsgewinnung* – z.B. über geplante Aktionen und finanzielle und sonstige Ressourcen der Gruppen
- *Image-Transfer*: Transfer des guten Rufes von Gruppen mit hohem öffentlichen Ansehen auf das kritisierte Unternehmen oder die Industriesparte
- *Umlenkung* der Energie der kritischen Gruppe und der öffentlichen Aufmerksamkeit von Themen ersten Ranges auf weniger wichtige Themen
- *Entpolitisierung/Technokratisierung* hochpolitischer Themen
- *Vernebelung* von Problemanalysen und Absprachen
- *Neutralisierung besonders kritischer Stimmen* durch Isolierung der kritischsten Gruppen

Abwägung: Scheint das Unternehmen mit dem Dialogangebot vor allem oben genannte versteckte Ziele zu verfolgen? Lohnt sich der Dialog immer noch?

4. Weitere Risiken

- *Bindung der Energien von Aktionsgruppen*, die anderswo sinnvoller eingesetzt wären
- *Privatisierung öffentlicher Belange*
- *Veränderung der politischen Machtkonstellation* durch Image-Transfer und Abqualifizierung von »konfrontativen« Strategien
- *Demoralisierung* von kritischen Gruppen
  (Von außen erzwungene Änderung des Arbeitsstils und evtl. Ziele der Gruppe, Korrumpierung durch Nähe zur Macht.)

Abwägung: Wie ist der angetragene Dialog angesichts der gesellschaftlichen Risiken und der Risiken angesichts der Arbeitsfähigkeit der eigenen Gruppe zu beurteilen?

5. Abwägung im Hinblick auf Alternativen

- Ist das direkte *Gespräch wirklich die effizienteste Art, eure Ziele zu erreichen?*
- Habt ihr alle *Alternativen in Betracht gezogen?*
- *Benutzt ihr eure Machtressourcen optimal?*

Falls eure Gruppe eigentlich nicht an einem solchen Dialog teilnehmen möchte, aber sich als zu schwach empfindet, ein solches Angebot auszuschlagen, überdenkt nochmals eure spezifischen Machtressourcen:

- die oft *hohe moralische und politische Legitimität* von Aktionsgruppen in der Gesellschaft
- die *guten Kontakte zur Presse*
- *Kontakte zu gesellschaftlichen Entscheidungsträgern* (Politiker/innen, Gewerkschaften, Kirchen usw.)

II. Modalitäten eines direkten Gesprächs

1. Klärung des Gesprächsziels

- Ist das Ziel die *Erarbeitung eines Konsenses* zum Streitpunkt?
  Falls ja, ist es vorgesehen, dass Gesprächs-Teilnehmer/innen auch ihre abweichenden Positionen formulieren und im Abschlussbericht veröffentlichen können?
- Ist das Ziel eine *Abklärung der verschiedenen Positionen oder Konfliktlinien?*

Abklärung: Welches Gesprächsziel scheint euch am geeignetsten?

2. Klärung anderer wichtiger Vorbedingungen

- *Wer definiert die Tagesordnung?*
  Besteht darauf, dass die euch wichtigen Punkte auf der
  Tagesordnung stehen. Lasst euch nicht auf Themen
  ein, über die ihr nicht genug wisst oder die von euren
  eigentlichen Zielen ablenken.
- *Nach welchen Gesichtspunkten werden die Gesprächs-
  Teilnehmer/innen ausgewählt?*
  Stellt sicher, dass die Teilnehmer/innen von Industrie-
  seite wirkliche Entscheidungsbefugnisse haben (sonst
  ist das Treffen höchstwahrscheinlich Zeitvergeudung).
  Achtet auf ungefähr gleiche Personenzahl der Ge-
  sprächsparteien, Minderheitenpositionen sind problematisch. Man kann sonst leicht in einer »Meckerecke«
  landen, weil man pausenlos kritische Positionen vertreten muss oder kommt nicht häufig genug zu Wort, um
  seine Argumentation richtig begründen und Gegenar-
  gumente entkräften zu können.
- *Wer moderiert das Gespräch?*
  Die Moderierung des Gesprächs gibt viel Macht. Es
  muss sichergestellt werden, dass die Gesprächsmo-
  deration nicht zu Gunsten der Industrie *(oder anderer
  Konfliktparteien – Ergänzung von Christoph Besemer,
  C.B.)* voreingenommen ist.
- *Wo findet das Gespräch statt?*
  Der Ort des Gesprächs ist nicht unwesentlich. Es gibt
  kein gutes Argument dagegen, sich auf neutralem Bo-
  den zu treffen.
- *Wer schreibt das Protokoll?*
  Es ist nicht ratsam, die Industrie Protokoll führen zu
  lassen. Nur allzu oft haben Unternehmen ihre eigenen
  Interpretationen der Diskussion und Abmachungen.
  Falls ihr später nicht mit dem Industrie-Protokoll einver-
  standen seid, wird es schwer sein, sicherzustellen, dass
  das Protokoll berichtigt wird.

- *Verlangt das Unternehmen die Unterzeichnung einer Erklärung zur Vertraulichkeit?*
  Es wird manchmal argumentiert, dass Vertraulichkeit Firmen-Vertreter/innen mehr Raum gibt, Positionen zu entwickeln, die mehr am Gemeinwohl und weniger am Profit orientiert sind. Dieser Vorteil von Vertraulichkeit (so er wirklich besteht) sollte jedoch sorgfältig gegen die Risiken abgewogen werden. Ihr könnt dann nicht die Resultate der Gespräche veröffentlichen, um z.B. sicherzustellen, dass Abmachungen von den Unternehmen wirklich eingehalten werden. Auch ist es dann schwierig oder unmöglich, von Personen außerhalb des Gesprächskreises Ratschläge einzuholen.

Abwägung: Sollen Gruppen, die öffentliche Interessen vertreten, jemals der Vertraulichkeit von solchen Gesprächen zustimmen? Steht das nicht im Gegensatz zu transparenter, öffentlicher, demokratischer Entscheidungsfindung? Eine Abmachung über Offenheit und klare Protokollierung des Gespräches macht es außerdem einfacher, die Gesprächsergebnisse zu veröffentlichen. Im Laufe eines Gespräches kann man allerdings auch jederzeit beantragen, eine vereinbarte Vertraulichkeit wieder aufzuheben *(oder umgekehrt – C.B.).*

- *Wie wird das Gespräch für die Öffentlichkeit dokumentiert?*
  Besteht darauf, dass Positionen klar den verschiedenen Gesprächs-Teilnehmer/innen zugeordnet werden. Für Außenstehende soll erkennbar sein, was die jeweilige Partei sagt und was sie evtl. ausgelassen hat.
  Die Dokumentation sollte außerdem eine Auflistung aller Abmachungen enthalten, die vor, während und nach dem Gespräch getroffen wurden.

3. Ergebnis und Weiterverfolgung des Treffens

- Stellt sicher, dass klare Abmachungen über versprochene Veränderungen getroffen werden.
- Außerdem stellt sicher, dass es einen klaren Zeitrahmen gibt für die Durchführung der versprochenen Veränderungen oder die Beantwortung von Fragen.
- Hat eure Gruppe/Organisation die Kapazitäten und finanzielle Ressourcen, um nachzuhaken, damit Abmachungen auch eingehalten werden?
- Könnt ihr reagieren, wenn die Industrie *(oder andere Konfliktparteien – C.B.)* diesen Dialog falsch darstellt und eventuell instrumentalisiert?
- Könnt ihr gegensteuern, wenn eure Teilnahme dazu benutzt wird, andere Gruppen als nicht dialogfähig abzuqualifizieren?

Abwägung: Wird euer Atem ausreichen, auch nach dem Dialog das Geschehen zu beeinflussen?

III. Abschließende Erwägungen

1. Abschlagen eines Gesprächsangebots

Falls ihr euch entscheidet, ein Dialogangebot abzuschlagen, ist es ratsam, eine öffentliche Erklärung über die Gründe dieser Entscheidung abzugeben. Andernfalls besteht die Gefahr, dass die Ablehnung ausgenutzt wird, um eure Gruppe als unwürdig der Teilnahme an demokratischer Entscheidungsfindung darzustellen.

2. Teilnahme an den Gesprächen

Falls ihr euch für den Dialog entscheidet, überprüft fortlaufend, ob das Gespräch noch sinnvoll ist. Legt im Vorhinein Abbruchskriterien fest und lasst die Fortschritte im Dialog möglichst kontinuierlich von Außenstehenden beurteilen, um sicherzustellen, dass euch die Psychologie des Dialoges nicht mitreißt.

Grundsätzlich ablehnende Haltung

Neben den differenziert warnenden Stimmen gibt es in den sozialen Bewegungen auch Autor/innen, die Dialoge mit dem politischen Gegner grundsätzlich ablehnen. Die Gesprächsbereitschaft von Wirtschaft und Staat wird von ihnen lediglich als manipulative Strategie angesehen, um Bürgerinitiativen und Umweltverbände einzubinden, in der Öffentlichkeit Akzeptanz zu beschaffen und die eigenen Vorhaben durchzusetzen. Die in Aussicht gestellte Win-Win-Lösung gebe es für die Widerstand leistende Bevölkerung nicht (Beispiel Ausbau Frankfurter Flughafen). Teile der Protestbewegung verweigerten deshalb die Teilnahme am Mediationsverfahren, die anderen würden Teil einer zur Farce reduzierten Veranstaltung.[60]

Für die sozialen Bewegungen sei politische Mediation nicht nur kein Gewinn sondern gefährlich, Mediationsverfahren konterkarierten den Erfolg des Widerstands. Es gehe deshalb darum, solchen Verfahren die Zustimmung zu entziehen, und nicht, sie verbessern zu wollen.[61] Um diese These zu belegen werden folgende Argumente angeführt:[62]

- Alles was Protestbewegungen an politischem Druck und Widerstandskraft aufgebaut haben, wird durch die Teilnahme an einer Schlichtung, Mediation oder anderen Dialogverfahren zunichte gemacht. (Beispiel: S 21-Schlichtung)

- Es gibt dagegen eine reale Chance, dass die Bewegung das bekämpfte Großbauprojekt zu Fall bringt. (Beispiel: S 21)

- Die Herrschenden haben nur noch den Ausweg, ihr Heil in direkten Gesprächen zu suchen. (Beispiel: Ministerpräsident Mappus bei S 21)

- Es gibt nur schlechte Erfahrungen mit Politischer Mediation und ähnlichen Verfahren: Sie tragen wesentlich zur Durchset-

---

[60] Vgl. Michael Wilk: Stuttgart 21 – Ein Lehrstück. Mediation als Konfliktbewältigungsstrategie. In: Graswurzelrevolution 374, Dezember 2012, S. 10–11.

[61] Vgl. Besalino: Trick 17 mit Selbstüberlistung. In: Graswurzelrevolution 373, 11/2012.

[62] Vgl. Besalino, a.a.O. Zusammengefasst in: Besemer, Christoph/ Schüler, Roland: Ist Mediation bewegungsfeindlich? In: Graswurzelrevolution 374, Dezember 2012, S. 12.

zung der ursprünglichen Pläne bei. Statt ein Projekt grundsätzlich in Frage zu stellen, gibt es auf diesem Weg nur die Möglichkeit, an der Ausgestaltung »konstruktiv« mitzuwirken.

- Was für die Klärung zwischenmenschlicher Konflikte wertvoll und heilsam ist, funktioniert nicht bei politischen Konflikten.

- Interessenskonflikte zwischen Politik und Wirtschaft auf der einen und Bevölkerung und soziale Bewegungen auf der anderen Seite sind nicht vermittelbar.

- Das Ziel der Protestbewegung ist es, strukturelle Machtverhältnisse zu verändern, und nicht Lösungen innerhalb dieser Machtverhältnisse zu suchen.

- Der Widerstand vertritt das moralisch Bessere, die andere Seite das Unrecht.

- Es geht darum, einen Missstand oder ein Unrecht zu bekämpfen, und nicht darum, zum Frieden mit allen zu kommen.

- Führungseliten gelingt es, über Dialogverfahren politischen Protest aufzufangen und zu ihren Gunsten zu lenken.

- Nicht Argumente bestimmen den Ausgang, sondern die Machtmittel der Beeinflussung seitens der Projektbetreiber.

Es ist auffällig, dass viele dieser Argumente gegen Mediation aus den Erfahrungen mit Schlichtung oder fragwürdigen Runden Tischen abgeleitet werden. Dass es auch anders gehen kann, zeigen die Fallbeispiele in diesem Band.

Allerdings ist nicht zu erwarten, dass diese Beispiele die negative Einschätzung verändern, weil es sich hier offenbar um die politische Grundüberzeugung handelt, dass Wirtschaft und Staat grundsätzlich nur solche Interessen vertreten, die unvereinbar sind mit den Interessen emanzipatorischer Bewegungen. Und wenn es doch gemeinsame Ergebnisse an Runden Tischen gibt, decken sie sich eben nicht hundertprozentig mit den ursprünglichen Forderungen der Protestbewegung oder hätten auch ohne Dialoge durchgesetzt werden können. Und letztlich brächten Konsenslösungen mit den politischen Gegner/innen dem System neue Legitimation: Echte emanzipatorische Veränderung könne aber nur über die Abschaffung oder Überwindung dieses Systems erreicht werden.

In dieser Logik gibt es tatsächlich keinen Platz für politische Mediation. Gemeinsamer Schnittpunkt ist jedoch, dass es oft den politischen Widerstand von unten braucht: Für die einen, um die eigenen Ziele gegen die andere Seite durchzusetzen, für die andern, um einen »Dialog auf Augenhöhe« zu erreichen und den Konflikt für alle befriedigend zu lösen.[63]

Gehört werden, aber nicht mitentscheiden

Eine besondere Brisanz bekommt zuweilen das Vorhaben, die Bürger/innen früh in Planungsvorhaben einzubeziehen, wenn sich herausstellt, dass diese sich in unerwarteter Weise hartnäckig gegen die Pläne von Politik und Verwaltung stellen. Dann kommen grundsätzliche Diskussionen auf, welche einerseits die Legitimation von Bürgermitentscheidung in einer repräsentativen Demokratie (wieder) grundsätzlich in Frage stellen, andererseits die Bürgerfreundlichkeit der Politik als leeres Versprechen brandmarken. So geschehen beispielsweise bei der Diskussion um einen Nationalpark im Nordschwarzwald unter der grün-roten Regierung Winfried Kretschmanns:

Ausgangslage war der Plan der Landesregierung, im Nordschwarzwald den ersten Nationalpark Baden-Württembergs einzurichten. In sieben Gemeinden dieser Region wurden im Frühjahr 2013 Bürgerbefragungen durchgeführt, die eine große Ablehnung ergaben: 64 bis 87 Prozent der Befragten sprachen sich gegen das Projekt aus. Dies brachte die Landesregierung in Bedrängnis, denn man wollte auf den Nationalpark nicht verzichten und der Nordschwarzwald kam als einzige Region dafür in Frage.

---

[63] Dies gilt für innergesellschaftliche Auseinandersetzungen in Demokratien. Gegen schwere Menschenrechtsverletzungen und politische Unterdrückung hilft dagegen oft nur beharrlicher Widerstand und das Festhalten an Mindestforderungen, was Verhandlungen mit der Gegenseite jedoch nicht ausschließt. Desgleichen ist es auch in Demokratien legitim, den gewaltlosen Widerstand aufrechtzuerhalten, wenn die andere Seite den Dialog verweigert. Während eines Gesprächs am Runden Tisch kann der Widerstand ausgesetzt und nach einem Scheitern wieder aufgenommen werden.

Ministerpräsident Kretschmann erklärte daraufhin, er halte den Kern des Konflikts um den Nationalpark für unauflösbar. Wenn ein Teil der Menschen einen »aufgeräumten Wald« schön finde und ein anderer Teil fürchterlich, könne man dagegen argumentativ nichts machen – außer man verzichte auf den Nationalpark. *»Das machen wir aber nicht.«* Auf Einsprüche werde man *»so gut es geht«* eingehen. Die Entscheidungshoheit liege aber beim Landtag, daran habe er nie einen Zweifel gelassen.[64]

In einem Leserbrief gab es eine Stimme, die dem Ministerpräsidenten den Rücken stärkte. Die Argumentationslinie ist folgende: Wenn in sieben von 26 betroffenen Kommunen eine Meinungsumfrage gemacht werde, habe das für die Landtagsentscheidung keine Bedeutung. Wie eine Autobahn sei ein Nationalpark für alle Bürger/innen und nicht nur für diejenigen, die dort wohnten. *»Um Visionen umzusetzen, braucht man Menschen, die vorausgehen, und bei dieser einmaligen Chance muss man die betroffenen Bürger zu ihrem Glück ›zwingen‹. ... Wenn wir im Nordschwarzwald immer alle gefragt hätten, gäbe es keinen Naturpark, kein Naturschutzzentrum und vieles mehr. Deshalb ›Nein‹ zur Bürgerbefragung und ›Ja‹ zum Nationalpark.«*[65]

Ein Leitartikel der Badischen Zeitung weist auf die Widersprüchlichkeiten der Parteien-Politik im Hinblick auf die Bürger/innenbeteiligung hin. Die Landesregierung habe eine »Politik des Gehörtwerdens« versprochen. Auf Augenhöhe wolle sie mit den Bürger/innen Politik betreiben.
»Soweit die Theorie. In der Praxis freilich, das hat Ministerpräsident Kretschmann ... klargestellt, entscheidet der Landtag. Die Aussage bezieht sich vorerst nur auf den geplanten Nationalpark im Nordschwarzwald, aber sie ist von grundsätzlicher Natur: Widersprechen Bürger wohlgemeinten Ideen der Regierung, werden sie gehört, aber eben nicht erhört, wie Kretschmann sagt. Wenn es also nicht klappt mit der Akzeptanz – ist Schluss mit Basisdemokratie und Augenhöhe. Entdeckt Grün-Rot auf diese Weise die Vorzüge der repräsentativen Demokratie wieder?

---

[64] Badische Zeitung vom 15. Mai 2013: »Kretschmann hält am Nationalpark fest«.

[65] Leserbrief »Bei einmaligen Chancen muss man die Betroffenen zu ihrem Glück zwingen« in: Badische Zeitung vom 8. Juni 2013.

Schon mahnt die CDU zu noch mehr und noch früherer Bürgerbeteiligung – als hätte sie auf dem Gebiet besonders viel Erfahrung. Aus der Opposition heraus ist der Wunsch nach mehr Rücksicht auf den Bürgerwillen auch höchst verständlich. Einmal an der Regierung, spürt man den Gegenwind. Kretschmanns Verweis auf die Letztentscheidung für den Nationalpark durch den Landtag ist daher zwar legitime, machtbewusste Realpolitik – aber sie passt so gar nicht zur Erwartung, die insbesondere die Grünen geweckt haben. Sie haben glauben lassen, der Bürgerprotest könne künftig – Stichwort ›mitwirken‹ – Entscheidungen beeinflussen, könne gar ein Projekt der Regierung stoppen. Dies wohl in der Hoffnung, gegen ihre guten, weil ökologischen Projekte werde es kaum Widerstand geben. Doch auch für diese Projekte gilt: Gegen geplante Änderungen lassen sich mehr, schneller und leichter Menschen mobilisieren als dafür – selbst wenn es sich um ein Vorhaben wie den Nationalpark handelt.«[66]

Am 5. November 2013 wurden von der Landesregierung Regeln zur Bürger/innenbeteiligung verabschiedet. Die Landesbehörden müssen fortan bei strittigen Großprojekten die Betroffenen »frühzeitig«, »verbindlich für die Behörden« und »flexibel« einbeziehen. Unter »verbindlich« wird verstanden, dass Landesbehörden Einwände von Bürger/innen wie Gutachten werten müssen – mehr aber nicht. *»Wie der Staat dann entscheidet, wie er die Bürgerstimmen wertet, bleibt nach wie vor den Planungsbehörden überlassen. ... Das Volk kann mitwirken, aber nicht entscheiden.«*[67]

Die Problematik einer letztlich doch unverbindlichen Bürgermitwirkung bleibt also weiterhin bestehen: »Frühe Bürgerbeteiligung« und »Bürgermitwirkung« funktioniert zwar, solange sich die Politik nicht auf ein Projekt festgelegt hat. Fehlt jedoch die Offenheit für neue Ideen, läuft der »Bürgerwille« ins Leere, führt zu kosmetischen Veränderungen oder muss gegenüber einem übergreifenden »Bürgerwillen« zurückstehen. So entstehen neuer Unmut und möglicherweise eskalierte Konflikte. Um in dieser

---

[66] Badische Zeitung vom 11. Juni 2013: »Grün-rote Theorie, graue Praxis« von Wulf Rüskamp.

[67] Badische Zeitung vom 6. November 2013: »Das Volk darf früher mitreden« von Andreas Böhme.

Situation wieder Frieden einkehren zu lassen, bedarf es neuer Anstrengungen, ernsthafter Dialogangebote und einer gemeinsamen Lösungssuche jenseits formalrechtlicher Entscheidungsbefugnisse.[68]

Dass es sich lohnt, die frühe Bürger/innenbeteiligung ergebnisoffener zu gestalten, zeigt sich leider oft erst im Nachhinein. Damit sich Bürger/innen und Bürgerinitiativen letztlich nicht resigniert mit Niederlagen abfinden müssen oder daran zerbrechen, kommt es darauf an, dass sie frühzeitig einen echten »Dialog auf Augenhöhe« erkämpfen. Den dafür erforderlichen Kraftaufwand sollten sie nicht scheuen, wenn es ihnen um ein Anliegen von grundsätzlicher Bedeutung geht. Dazu braucht es mitunter auch hartnäckigen (gewaltfreien) Widerstand. Einer starken Bürgerbewegung kann kein Staat auf Dauer einen echten Dialog verweigern, ohne Schaden zu nehmen. Werden solche Bewegungen als legitimes Gegenüber von Politik und Verwaltung ernst genommen, können gute und nachhaltige Lösungen gefunden werden, welche die Gesellschaft im Sinne des Allgemeinwohls positiv weiterentwickeln.

---

[68] vgl. S. 11 ff. in dieser Publikation

Praxisbeispiele

Ausbau eines Großflughafens (Österreich)

Mediation und Dialog am Flughafen Wien, 2000–2013[69]

Susanne Rynesch

Die Ausbauvorhaben des Flughafen Wien haben in der betrof-fenen Region zu Kontroversen geführt. Die Konfliktbearbeitung im Wege einer Mediation bot für die Bürger/inneninitiativen erstmals Gelegenheit, ihre Anliegen auf gleicher Ebene mit wirtschaftspoli-tischen Interessen zu verhandeln. Die wahren Herausforderungen dieses Verfahrens zeichneten sich erst in dessen Verlauf ab. Media-tion als Mittel zur Konfliktbewältigung hat sich bewährt. Für die weitere Arbeit von Bürger/inneninitiativen und NGOs im Bereich Fluglärm hat dieses Verfahren entscheidende Impulse gegeben.

Planung über die Köpfe der Betroffenen hinweg

Der Flughafen Wien baute aus: Eine dritte Piste, Vorfelderwei-terungen, die Errichtung zahlreicher Abfertigungsgebäude, die Verdoppelung der jährlichen Flugbewegungen waren die Schlag-worte der ersten Ankündigungen in der Presse. Eine Region hebt ab. Ein visionäres Projekt aus Sicht der Politik und der Wirtschaft, das bereits Ende der 1990er Jahre von sich reden machte, wurde zur Horrorvision für die Bevölkerung im Umland um den Flugha-fen, denn die bisherigen Erfahrungen verhießen nichts Gutes:

Die rechtlich festgeschriebenen Genehmigungsverfahren zur Erweiterung von Flugplätzen schließen die betroffene Nachbar-schaft weitgehend aus. Die seit 1957 gesetzlich verankerte Partei-stellung der Nachbar/innen in einigen wenigen Verfahrenstypen war nie, auch nicht bei der Errichtung der zweiten Piste des Flughafen Wien, zur Anwendung gekommen. Zwei Erkenntnisse des Verwaltungsgerichtshofes waren erforderlich, um die Bestim-mungen des Luftfahrtgesetzes klarzustellen und den Betroffenen wenigstens für die Zukunft zu ihrem Recht zu verhelfen. Infor-mationen über Projekte, über den Genehmigungsstand oder über

---

[69] Dieser Beitrag ist eine überarbeitete und erweiterte Fassung des Artikels »Flugha-fenmediation: Bürgerinitiativen mittendrin« von Susanne Rynesch in: perspektive mediation 2006/3, S. 150–153.

Auswirkungen auf die Umwelt waren – abgesehen von freiwilligen Auskünften der Flugplätze – lediglich über das Umweltinformationsgesetz zu erlangen. Eine Abstimmung des Betriebes von Flugplätzen mit den Ansprüchen ihrer Nachbarschaft fand nur gelegentlich aus politischer Räson, und da nur ansatzweise, statt.

Die für den Ausbau des Flughafen Wien verpflichtende Umweltverträglichkeitsprüfung war zweifelsohne als Fortschritt zu bewerten. Sie prüfte die Auswirkungen des Vorhabens auf die betroffene Umwelt, aber das Ergebnis war abzusehen: Das Projekt würde auf der Grundlage dessen, was eine Behörde als umweltverträglich bezeichnet, genehmigt. Die gesamte Diskussion würde im Korsett eines Verwaltungsverfahrens Platz finden müssen, innerhalb von festgelegten Fristen, von Stellungnahmen und Erörterungen und sich auf den »Verfahrensgegenstand« beschränken. Wo in einem derartigen Prozess würden die Auswirkungen auf die Entwicklungsmöglichkeiten der betroffenen Gemeinden behandelt werden oder die Auswirkungen auf das soziale Gefüge der Region? Welches Ausmaß an Lärmbelastung ist »zumutbar«, wenn wirtschaftliche Interessen die Linie vorgeben?

Von festgelegten Entscheidungen zum Verhandeln auf Augenhöhe

Die politische Entscheidung stand auf breiter Basis fest und sie war eine Kampfansage an all jene, die von den negativen Konsequenzen betroffen sein würden. Die Gegnerschaft im Umland des Flughafens begann sich zu formieren. Es galt, alle Möglichkeiten der Verwaltungsverfahren auszunützen, um irgendeinen Erfolg zu erringen und das Projekt vielleicht sogar zu verhindern – die Behördenverfahren zur Wiener Südumfahrung hatten immerhin mehr als ein Jahrzehnt in Anspruch genommen. Dann kam das Angebot: Mediation.

Da war nun die Möglichkeit, die Anliegen der Betroffenen auf Augenhöhe mit den Interessen der Flughafenbetreiber/innen zu verhandeln, in freiwilliger Teilnahme, selbstbestimmt, waffengleich, konsensual und in der Obhut von Mediator/innen, die für einen fairen und wohlorganisierten Prozess sorgen würden, der im Jahr 2000 seinen Anfang nahm.

92

Einigung nach fünfjährigem Mediationsverfahren

Das Ergebnis nach einem fünfjährigen Mediationsverfahren war ein privatrechtlicher Vertrag aus dem Jahr 2005 über den Bau einer dritten Piste mit einem umfangreichen Paket an Schutz- und Kompensationsmaßnahmen für Bürger/innen und Gemeinden in der Flughafenumgebung. Zudem wurde die Weiterführung der engen Zusammenarbeit zwischen dem Flughafen und der betroffenen Region festgelegt.

Im Rückblick aus Sicht einer beteiligten Bürger/innengruppe treten einige Schwerpunkte hervor:

Es ist in diesem Verfahren gelungen, die Gegnerschaft von Flughafen und Betroffenen in eine Arbeitsgemeinschaft umzuformen, die intensiv nach Problemlösungen suchte. Die Anliegen der Bürger/inneninitiativen wurden von allen Teilnehmenden ernstgenommen, die Lernbereitschaft war bei allen Beteiligten hoch: Mit Fachleuten der Austro Control (ACG) über Abflugverfahren zu diskutieren, war eine Herausforderung. Für die ACG im umgekehrten Fall war es gewöhnungsbedürftig, gerade auf diesem Gebiet ein Brainstorming mit Laien ertragen zu müssen oder von den Betroffenen direkt zu erfahren, was ein neuer Flugweg über einem Siedlungsgebiet bedeutet.

»Die richtigen Leute zur richtigen Zeit an einem Platz« – das war wesentlich in diesem Verfahren. Expert/innen verfügten über hohes Wissen – in ihrem jeweiligen Sachgebiet, das galt für Luftfahrttechniker/innen oder Jurist/innen ebenso wie für Bürgervertreter/innen. Erst eine Zusammenführung des Wissens aller Beteiligten ermöglichte gesamthaft taugliche Lösungen. Die persönliche Bereitschaft der Beteiligten zum wechselseitigen Anerkennen der Expertise des jeweils anderen, zu intensiver Arbeit war ebenso auffallend – und letzten Endes bestimmend für das Zustandekommen einer Einigung – wie die Fähigkeit, nach heftigen Kontroversen friedlich weiterzumachen.

Die Ausgangssituation für die Bürger/inneninitiativen

Mit der Entscheidung für die Konfliktbewältigung in einer Mediation hat sich die Mehrzahl der Bürger/inneninitiativen auf einen langjährigen Arbeits- und Lernprozess eingelassen. Dreh- und Angelpunkt ist das klare Formulieren der eigenen Position, die Abschätzung der Entwicklungsfähigkeit im Lauf des Prozesses und die entsprechende Meinungsbildung vor dem Einstieg. Grundsatztreue ist durchaus legitim, kann jedoch der erforderlichen Kooperationsfähigkeit entgegenstehen. Im Lauf des Verfahrens können sich die Identität und Zielrichtung einer Gruppe durchaus ändern, das war auch hier der Fall. Die ständige Überprüfung der eigenen Prinzipien wurde zur Zerreißprobe – besonders in den Rückbindungsveranstaltungen.

Das Einlassen auf kooperative Konfliktlösung beraubt Bürger/inneninitiativen aller Möglichkeiten, in der Öffentlichkeit mit jenen Mitteln präsent zu sein, die zahlreiches Publikum und dessen Unterstützung garantieren: Vereinfachung der komplexen Thematik bis zur Schwarzweißmalerei, Fundamentalismus, das Auftreten als David gegen Goliath. Der Wille zum Kompromiss und zu sachlicher Diskussion ist weitaus weniger medienwirksam. Vorwürfe des Verrats oder der Wankelmütigkeit stehen schnell im Raum. Der Rechtfertigungsdruck aus der Öffentlichkeit ist nicht zu unterschätzen – vor allem dann, wenn Bürger/inneninitiativen die Verantwortung für unangenehme Entscheidungen mittragen und ihre Legitimation in Frage gestellt wird. Der Umgang mit Kritik und Anfeindungen aus den eigenen Reihen fordert ein hohes Maß an Erklärungskunst und an Courage.

Bürger/inneninitiativen gehen unter anderen Voraussetzungen in ein Mediationsverfahren als beispielsweise Vertreter/innen des Unternehmens Flughafen, der Interessensverbände, der Gemeinden oder als die Repräsentant/innen politischer Parteien. Diese kommen aus abgesicherten Hierarchien, mit klaren Zuständigkeiten, einer vorgegebenen Linie und einer mehr oder eben weniger weitgehenden Entscheidungsvollmacht. Sie haben die wirtschaftliche Übermacht und das Beziehungsgefüge in die etablierte Politik auf ihrer Seite. Bürger/inneninitiativen hingegen leben Basisdemokratie, sie agieren außerhalb der eingefahrenen Tagespolitik und beziehen ihre Legitimation direkt von den Betroffenen. Die Annäherung an »das Establishment« erfordert intensive Kommunikation innerhalb der Gruppen und sorgsame Überprüfung der jeweiligen Grundwerte. Die Annahme angebo-

94

tener Unterstützung durch die Verfahrensleitung ist keinesfalls als Schwäche zu deuten, sondern stärkt die Bürger/inneninitiativen in ihrer Rolle als wertvolle Partner/innen in einem Prozess, in dem sie ihre Anliegen wirksam vertreten können – und auch müssen.

Unterstützend und hilfreich war in Wien die ausführliche Auseinandersetzung mit dem Thema Nachhaltigkeit. »Nachhaltige« Entwicklung einer Region ist möglich, wenn Grundsätze wie Vorsorge, Verursacherprinzip, demokratische Entscheidungsabläufe, Subsidiarität, gemeinsame Verantwortung, Solidarität oder Ökologisierung der Ökonomie Berücksichtigung finden, wie es in diesem Verfahren der Fall war. Die Erstellung einer Auflistung von konkreten Kriterien mit Hilfe der ARC Seibersdorf Research GmbH erleichterte das Finden der Balance zwischen sozialen Anliegen, ökonomischen und ökologischen Interessen. So wurde nicht nur eine Richtschnur für das gemeinsame weitere Vorgehen geschaffen, auch die Mitarbeit der Bürger/inneninitiativen wurde aufgewertet.

Auseinandersetzungen zwischen den Bürger/inneninitiativen

Die Bürger/inneninitiativen haben sowohl den Diskussionsverlauf als auch das Gesamtergebnis eindeutig geprägt. Es ist gelungen, den Stand des Wissens um Fluglärmwirkungen in einem ganzen Paket von Maßnahmen umzusetzen, das europaweit herzeigbar ist, eine Nachtflugregelung zu etablieren und die weitere Zusammenarbeit zwischen dem Flughafen und seiner Nachbarschaft einzurichten – all das geht weit über die gesetzlich vorgesehenen Möglichkeiten hinaus.

Dessen ungeachtet war es einigen Bürger/inneninitiativen – und auch anderen Gruppierungen – nicht möglich, bis zum Abschluss im Verfahren zu bleiben. Der Verfahrensverlauf war unvereinbar mit den eigenen Zielsetzungen und politischen Absichten. Dabeibleiben wäre Inkonsequenz, die erforderlichen Kompromisse wären faul und nicht mehr fair. Die Treue zu den eigenen Grundsätzen wog schwerer als die Bereitschaft, am Aushandlungsprozess weiter mitzuwirken. Das war zu respektieren. Das Verfahren wurde dennoch weitergeführt.

95

Als die Verhandlungen nach dem Ausscheiden einzelner Gruppierungen weitergeführt wurden, stand das Konsensprinzip zur Debatte: Haben wir uns nicht doch mit einer simplen Mehrheit hinübergerettet? Die große Anzahl von Teilnehmenden hat zu einem sehr breiten Spektrum an Positionen geführt, mit scheinbar unüberwindbaren Gegensätzen. Für die Bürger/inneninitiativen kann gesagt werden, dass sie ihre Verhandlungsposition immer wieder eingehend geprüft haben: Ist sie realistisch oder überhaupt verhandelbar? Wie sehr setzt das Beharren auf bestimmten Standpunkten die bisherige Arbeit, das mögliche Ergebnis, das gesamte Verfahren aufs Spiel? Die Entscheidung zur Fortführung war in jedem Einzelfall gesondert und mit guter Begründung zu treffen und das hat bewirkt, dass der weitere Verfahrensverlauf im Detail zunehmend kritisch hinterfragt wurde. Eine Patentlösung ist nicht in Sicht. Dieser Problemstellung bei einem der wichtigsten Prinzipien der Mediation ist künftig vermehrt Beachtung zu schenken.

Kritische Punkte des Verfahrens und abschließende Bilanz

Die lange Dauer des Verfahrens ist eine Tatsache, die sich kaum vermitteln lässt, die geradezu abschreckende Wirkung entfaltet und natürlich die Frage aufwirft, wie die Beteiligten das überhaupt aushalten konnten. Die Beteiligung war durch die gesamte Zeit sehr hoch und das war auch notwendig, da alle Grundlagen fehlten: Es gab in Österreich zum Zeitpunkt des Beginns des Mediationsverfahrens keine Fluglärmgesetzgebung, keine Grenzwerte, keine Regelungen für die Raumordnung. Wie »Lärm« zu definieren oder rechnerisch darzustellen ist, welcher Lärm »zumutbar« sein soll oder was denn zu tun ist, wenn unzumutbarer Lärm unvermeidbar ist – das musste von Grund auf erarbeitet werden. Es galt zudem, sowohl die gegenwärtigen, als auch die künftigen Auswirkungen des Flughafens zu beurteilen. Allen war die Bedeutung des Verfahrens sowohl für die Region als auch für das Konfliktlösungsmodell »Mediation« bewusst. Dennoch sind Arbeitsintensität und der hohe persönliche Einsatz aller Teilnehmenden über diese lange Zeit kaum nachzuvollziehen. Die Vermutung liegt nahe, dass das Verfahren nicht zustande gekommen wäre, hätte zu Beginn jemand einen Blick in die Zukunft tun können.

96

An diesem Punkt setzt auch immer wieder die Kritik an: Diese Mediation hat das Wachstum des Flughafens nicht in Frage stellen können, sie konnte die dritte Piste nicht verhindern, sie passt lediglich die Umwelt dem Fluglärm an. Gegenstand des Mediationsverfahrens waren vereinbarungsgemäß lediglich »die gegenwärtigen Auswirkungen des Flughafen Wien sowie dessen wesentliche umweltrelevante Projekte und Ausbauvorhaben und deren Auswirkungen«. Es wird gefragt: Wie bloß konnten sich Bürger/inneninitiativen dafür hergeben?

Die Diskussion ist berechtigt. Man sollte dabei jedoch die eingangs beschriebene Ausgangslage vor dem Beginn des Mediationsverfahrens nicht aus den Augen verlieren. Es galt die Chance zu nutzen, in einer Mediation mehr für die Betroffenen erreichen zu können als in allen Verwaltungsverfahren. War diese Mediation schiere Überredungskunst oder wirksame Partizipation? »Das Ergebnis tut uns allen gleich weh. Also muss es gut sein« – diese zusammenfassende Bewertung trifft wahrscheinlich am ehesten zu. Die Wiener Flughafenmediation stellt jedenfalls den ersten Schritt dar in einer neuen Entwicklung der Diskussion zwischen Luftfahrt und Umwelt; und es steht zu hoffen, dass die Themen zukünftig weiter gefasst werden.

Es gibt weitere Kritik am Inhalt des Vertrages, beispielsweise an der Führung der Flugwege oder an der Nachtflugregelung. Es ist durchaus verständlich, dass im Nachhinein gewisse Begehrlichkeiten zutage treten. Hier hilft wieder die Rückbesinnung auf die Ausgangslage und die Alternativen weiter. Bürger/inneninitiativen, die in der Zwischenzeit Erweiterungsverfahren an anderen österreichischen Flughäfen miterlebt haben, können ausführlich berichten, was es bedeutet, in der Diskussion auf den Formalismus von Verwaltungsverfahren beschränkt zu sein und die unübersehbaren Lücken der Gesetzgebung zur Kenntnis nehmen zu müssen. Es mag nachfolgenden Betrachtungen überlassen bleiben, welche Schwächen der Wiener Flughafenmediation bei der Durchführung und im Ergebnis anzulasten sind. Besondere Sorgfalt in dieser Hinsicht ist in zukünftigen derartigen Verfahren geboten. Gerade die »Schwächen« haben zum Zustandekommen einer Einigung wesentlich beigetragen. Es besteht immer die

Gefahr, die Latte zu hoch zu legen – und an der Unerreichbarkeit eines Idealbildes zu scheitern.

Acht Jahre nach dem Abschluss des eigentlichen Mediationsverfahrens kann man durchaus sagen, dass sich der gewaltige Aufwand gelohnt hat: Der Dialog geht weiter.

Wie es weiterging: die Umsetzungsphase

In unmittelbarer Fortführung des Mediationsverfahrens wurde das »Dialogforum Flughafen Wien« gegründet, und zwar als Verein. Aus dem Statut §3 (1):
»Der Verein hat nach Abschluss des Mediationsverfahrens die Aufgabe übernommen, … für geeignete Kommunikationsprozesse zu sorgen, damit auf partizipative, transparente, kooperative und faire Weise unter Berücksichtigung aller Interessen auf freiwilliger Basis Lösungen gefunden werden können.«

Bemerkenswert ist, dass es keine Vereinbarung von Verhaltensspielregeln gibt, so wie das im vorangegangenen Mediationsverfahren der Fall war. Bisher ist es dennoch gelungen, gewissen Ermüdungserscheinungen, die sich in Machtspielen oder gelegentlichem Vertrauensschwund äußern, erfolgreich entgegenzuwirken. Das ist sowohl der Verfahrensleitung, als auch dem ungebrochenen Engagement der Beteiligten zu danken.

Zu den Aufgaben des Dialogforums zählen unter anderem

- die Überwachung der Einhaltung und Umsetzung der im Zuge des Mediationsverfahrens geschlossenen Verträge

- die Einleitung, Organisation und Steuerung eines geeigneten Kommunikationsprozesses zwecks Monitoring und Evaluierung der Vereinbarungen betreffend das Fluggeschehen im 2-Pisten-System und der Behandlung aktueller Entwicklungen

- die Einleitung, Organisation und Steuerung eines geeigneten Kommunikationsprozesses zwecks Monitoring und Evaluierung einer allfälligen Vereinbarung betreffend das Fluggeschehen in einem 3-Pisten-System

- Unterstützung von Mitgliedern des Vereins zur Bewältigung ihrer Funktion als Anlaufstelle und ihrer Aufgabe zur Rückbindung von Ergebnissen der Arbeit des Vereins.

Von entscheidender Bedeutung für die Haltbarkeit der erzielten Einigungen ist, dass ... im Dialogforum neben Flughafen Wien AG und Austrian Airlines seitens der Flugverkehrswirtschaft mit Austro Control auch die nationale Flugsicherung am Kommunikations- und Verhandlungsprozess teilnimmt.[70]

Die Bürger/inneninitiativen sind in einer eigenen Arbeitsgemeinschaft innerhalb des Dialogforums organisiert. Über die »Bezirkskonferenzen« sind rund 2 Millionen Betroffene in der Region um den Flughafen Wien eingebunden. Die inhaltliche Arbeit erfolgt in themenbezogenen Arbeitskreisen.

Die besondere Herausforderung bei der Arbeit des Dialogforums ist darin zu sehen, dass die »*Einhaltung und Umsetzung der im Zuge des Mediationsverfahrens geschlossenen Verträge*«[71] derzeit nur teilweise möglich ist. Die Rahmenbedingungen haben sich völlig geändert. Infolge der Wirtschafts- und Finanzkrise und der Probleme bei einem Terminalneubau verzögert sich der eigentliche Anlass des Mediationsverfahrens, nämlich der Bau einer weiteren Landebahn: Während der Mediationsvertrag des Jahres 2005 noch von einer Inbetriebnahme der dritten Piste im Jahr 2012 ausgeht, ist derzeit[72] noch nicht einmal das behördliche Genehmigungsverfahren abgeschlossen, der Zeitpunkt des Baubeginns unsicher. Dessen ungeachtet ergibt sich aus dem laufenden Betrieb des Flughafens und dem nicht abgeschlossenen Genehmigungsverfahren ein ungeahnter Bedarf an Diskussionen und Problemlösung.

Obwohl es nach wie vor heftige Angriffe aus jenen Kreisen gibt, die den Dialog ablehnen, hat sich das Dialogforum mittlerweile als Institution etabliert: Die Europäische Kommission erkennt Mediation und die Arbeit des Dialogforums als Öffentlichkeitsbeteiligung im Sinne der europäischen Vorgaben an. Im

---

[70] vgl. www.dialogforum.at

[71] vgl. weiter oben

[72] Herbst 2013, Anm. d. Verf.

erstinstanzlichen Genehmigungsbescheid der Umweltverträglichkeitsprüfung weist die Behörde wiederholt auf die Möglichkeiten des Dialogforums hin, die ihr nicht zu Gebote stehen, weil die Einschränkungen auf den »Verfahrensgegenstand« das nicht zulassen. Die für den Flughafen zuständige Genehmigungsbehörde verweist Beschwerdeführer/innen an das Dialogforum. Allfällige Umweltauswirkungen von Änderungen im Flugbetrieb, beispielsweise bei einer Pistensanierung oder bei Flugwegänderungen, die nicht Gegenstand eines partizipativen Verwaltungsverfahrens wären, werden im Dialogforum behandelt. Und es ist unbestritten, dass die Arbeit des Dialogforums ohne die Bürger/inneninitiativen undenkbar wäre.

Die Anforderungen aus dem wachsenden Flugverkehr werden weiterhin gemeinsam bewältigt, obwohl es derzeit eher nichts zu gewinnen gibt – es gilt vielmehr, angesichts einer ungewissen Zukunft das vor nunmehr acht Jahren erzielte Ergebnis zu halten. Dies ist aus Sicht der Betroffenen im Hinblick auf das geradezu dramatische Auseinanderfallen von neueren gesetzlichen Vorgaben einerseits und den Ergebnissen des Mediationsvertrages andererseits unabdingbar. Und genau das ist zweifelsohne die ausschlaggebende Motivation für die weitere Mitarbeit im Dialogforum, die nicht nur von den Bürger/inneninitiativen, sondern von allen Beteiligten als »alternativlos« gesehen wird.

Literatur

Obermeier, Die Kunst der Risikokommunikation, Gerling Akademie Verlag, 1999

Abschlussdokumente, Mediationsvertrag, 22. Juni 2005, www.viemediation.at, Chronologie

Verkehrsberuhigung und Neugestaltung eines Stadtteilzentrums

Das Mediationsverfahren zur Umgestaltung des Wiener Platzes in München

Reinhard Sellnow

Der Wiener Platz am Hofbräuhaus im Münchner Stadtteil Haidhausen war von jeher ein Platz mit hohem Verkehrsaufkommen. Mit der Herausnahme des Verkehrs durch Schließung der Sckellstraße (15.000 Autos am Tag) kam es 1992 zu einer ersten Verkehrsberuhigung. Es verblieben jedoch noch ein Fahrverkehr (Linksabbieger über den Platz in die Steinstraße) und theoretisch 30, faktisch jedoch ca. 45 Parkplätze auf dem Platz. Mit dem Beschluss des Kreisverwaltungsreferates, eine Linksabbiegemöglichkeit bereits von der Inneren Wiener Straße in die Steinstraße zu ermöglichen, ergab sich die neue Situation, die Verkehrsflächen auf dem Platz neu zu ordnen und in stärkerem Maße für die Fußgänger/innen zu gestalten. Im Juli 1999 wurden 1,3 Mio. DM in die mittelfristige Investitionsplanung für den Umbau und die Neugestaltung des Wiener Platzes aufgenommen. Am 9. November 1999 stellte das Bau- und Planungsreferat seine Umbaupläne

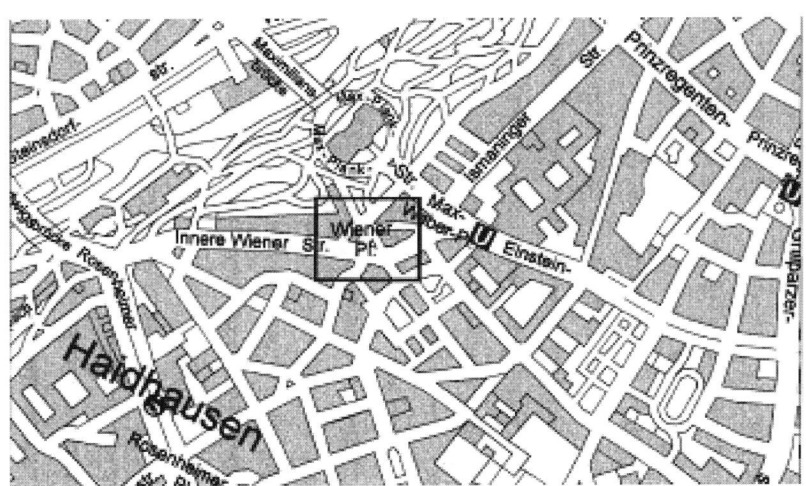

der Öffentlichkeit auf einer Einwohner/innenversammlung mit ca. 150 Bürger/innen vor. Die von allen anerkannte Gemeinsamkeit war: Der Wiener Platz soll neu gestaltet werden. Auf der äußerst turbulent verlaufenden Veranstaltung kam es jedoch zu keinem weiteren Konsens:

- Abgelehnt wurde der Antrag, den Planungen des Baureferates zuzustimmen.

- Abgelehnt wurde der Vorschlag einer Bürger/inneninitiative, unterschrieben von 30 Geschäftsleuten und Anwohner/innen um den Wiener Platz.

- Abgelehnt wurde eine Tiefgarage aus Anlass der Neugestaltung.

- Abgelehnt wurde der Antrag, den Wiener Platz nur zeitgleich mit der Wiedereinführung der Parklizensierung umzubauen.

- Abgelehnt wurde, einen Brunnen und Bänke aufzustellen.

Diese Pattsituation eines »Jeder gegen Jeden« war Ausdruck der Interessenkonflikte am Platz. Der Planungsvorschlag der Verwaltung sah den Umbau in eine Fußgängerzone vor, fließender und ruhender Verkehr auf dem Platz sollte komplett wegfallen. Dies freute einen Teil der Anwohner/innen und Standlbesitzer/innen (Marktbuden), schreckte jedoch den Einzelhandel, der Umsatzeinbußen befürchtete, wenn die Käufer/innen nicht mehr mit ihren PKWs bis zu den Läden vorfahren könnten. Gastronom/innen sahen die vielversprechende Chance, Freischankflächen vor den Gaststätten einzurichten, Anwohner/innen waren dagegen, weil sie Lärmbelästigung in den Abendstunden befürchteten. Der Bezirksausschuss Au – Haidhausen schlug in dieser Situation die Durchführung einer Art »Konsensuskonferenz« mit allen Beteiligten vor und beauftragte den Verfasser im Frühjahr 2000, ein Verfahrenskonzept zu erarbeiten.

Das Verfahrenskonzept

Nach Vorgesprächen mit Politiker/innen des Bezirksausschusses, Vertreter/innen des Baureferates und Betroffenen entstand ein Konzept, das die Durchführung eines Mediationsverfahrens vorsah. Zusammen mit dem Münchner Forum – zuständig für die Organisation und Ko-Moderation – wurde der Verfasser Ende Mai 2000 vom Bezirksausschuss Au-Haidhausen mit der Durchführung beauftragt. Die Finanzierung der Mediation erfolgte durch den Bezirksausschuss.

Voraussetzungen

Das geplante Bürger/innenbeteiligungsverfahren »Wiener Platz Forum« war eine freiwillige Leistung der Landeshauptstadt München bzw. des Bezirksausschusses und nicht verbindlich vorgeschrieben, wie etwa eine Anhörung in der Bauleitplanung. Deshalb waren Art und Umfang der Beteiligung einerseits frei gestaltbar, andererseits konnten die Ergebnisse keine andere Qualität als die einer Empfehlung für die Verwaltung und die politischen Entscheidungsträger/innen im Bezirksausschuss haben. Deren in der Gemeindeordnung geregelten Zuständigkeiten wurden durch das Bürger/innenbeteiligungsverfahren nicht verändert oder gar außer Kraft gesetzt.

Grundlagen

Als Diskussionsgrundlage dienten zum einen der Plan des Hochbauamtes zum Umbau des Wiener Platzes mit textlichen Erläuterungen, zum anderen aber auch verschiedene Gestaltungsvor-

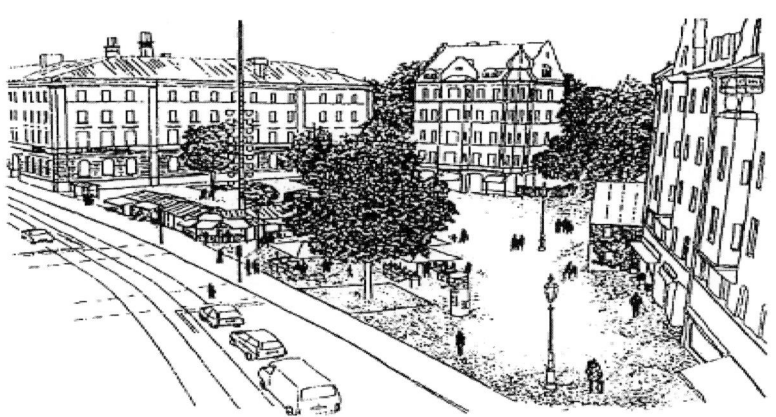

schläge wie sie zuletzt auf der Bürger/innenversammlung im November 1999 vorgebracht wurden.

In einem Dialog und Diskussionsprozess sollte dann auf dieser Grundlage von Fakten und offengelegten Zielen und Werten gemeinsam herausgefunden werden, welche Lösungen im größtmöglichen Interesse aller liegen und wo Partikularinteressen vorgebracht werden, die zwar legitim sind, aber letztlich nicht handlungsleitend für alle sein können.

Modell und Ablaufplan

Im Vorfeld des Verfahrens wurden die potenziell von Umbau und Neugestaltung des Wiener Platzes Betroffenen in Betroffenengruppen gegliedert: Kinder, Jugendliche, Behinderte, Senior/innen, Ausländer/innen, Anwohner/innen des Wiener Platzes (Mieter/innen und Hauseigentümer/innen), Anwohner/innen im Umfeld des Platzes (Mieter/innen, Hauseigentümer/innen), Gastwirt/innen, Standlbesitzer/innen, Einzelhändler/innen, Dienstleister/innen, Vertreter/innen von Kunst & Kultur. Sie alle sollten mit ihrem Blickwinkel zu dem Projekt gehört werden.

Innenkreis des Wiener Platz Forums

Mitglieder des Wiener Platz Forums (Innenkreis)	soziale Gruppen					Wohnen				Wirtschaft					
	Kinder	Jugendliche	Ausländer	Behinderte	Senioren	Anwohner / Mieter am Platz	Anwohner / Mieter Umgebung	Hauseigentümer am Platz	Hauseigentümer Umgebung	Gastronomie	Standlbesitzer	Einzelhändler	Dienstleister	Kunst & Kultur	
Teilnehmer/innen-zahl	1	1	1	1	1	2	1	2	1	2	2	2	1	1	

Die vorgeschlagene Zusammensetzung wurde im Bezirksausschuss und in Vorgesprächen mit den Gruppen diskutiert und vom Bezirksausschuss beschlossen. Die Gesamtzahl der Gruppen sollte nicht mehr als 20 (möglichst weniger) umfassen, um noch einen guten Dialog zu ermöglichen, bei dem man sich noch ins Gesicht schauen kann und auch öfter zu Wort kommt.

Es wurde dann nach Gruppen und Personen Ausschau gehalten, die verschiedenen Blickwinkel/Interessen in einem Dialog kompetent darstellen konnten. Fanden sich innerhalb eines Blickwinkels mehrere Gruppen oder Personen, die diesen einbringen wollen, so mussten sie sich auf die ihnen zugeteilte Anzahl von Stellvertreter/innen für alle anderen einigen (und ggf. ihre vorgebrachten Argumente absprechen). Die Sprecher/innen, die an dem Verfahren direkt teilnahmen, wurde von der jeweiligen Gruppe selbst bestimmt. Die ausgewählten Sprecher/innen sollten ausdrücklich nicht für sich persönlich, sondern als Stellvertreterln des benannten Interesses sprechen. Als solche hatten sie alle dann die anspruchsvolle Aufgabe, im sogenannten »Innenkreis« zusammen »der Stadt Bestes« (Gemeinwohl) zu ermitteln.

Mitglieder des Wiener Platz Forums (Außenkreis)	Politik							Verwaltung								Experten				
	BA 5 / SPD	BA 5 / CSU	BA 5 / Grüne	BA 5 / Fraktionsgemeinschaft	STR / SPD	STR / CSU	STR / Grünbe	Verkehrsplanung PlanR HA I	Stadtsanierung PlanR HA III	Denkmalschutz PlanR HA IV	Großmarkt	Kreisverwaltungsreferat	Hochbauamt BauR	Tiefbauamt BauR	Gartenbauamt BauR	Einzelhandelsverband	Stadtwerke / Verkehrsbetriebe	Taxiinnung	Freunde Haidhausens	Mieterinitiative Haidhausen
Teilnehmer/ innenzahl	1	1	1	1	1	1	1	1	1	1	1	1	1	1	1	1	1	1	1	1

Zusätzlich gab es einen »Außenkreis«, der drei Gruppen umfasste:

- Vertreter/innen der Politik (Bezirksausschuss und Stadtrat), die den Diskussions- und Meinungsbildungsprozess beobachten sollten, um später in den politischen Entscheidungsgremien auch den Prozess und Weg zu den Empfehlungen ihren Kolleg/innen vermitteln zu können;

- Vertreter/innen der Verwaltung, die einen Umgestaltungsentwurf vorgelegt haben, für Einzelaspekte des Umbaus zuständig waren oder sonst mit ihrem Fachwissen zu einer realitätsbezogenen Diskussion beitragen konnten. Sie haben präsentierende und beratende Funktionen.

- Expert/innen für spezielle Fragestellungen, die bei Bedarf ihr Fachwissen dem Diskussionsprozess zur Verfügung stellen sollten.

Der Außenkreis unterstützte den Innenkreis in einer eher zuhörenden, informierenden, beratenden oder ergänzenden Rolle.

Der gesamte Prozess wurde von einem neutralen Moderationsteam organisiert und geleitet (neben dem Verfasser noch zwei Mitarbeiter/innen vom Münchner Forum), das persönlich unabhängig von der örtlichen Parteienlandschaft, den politischen Mehrheiten und von Verwaltungsvorstellungen arbeitete. Das Moderationsteam war zuständig für das methodische Vorgehen, für den Prozess und Ablauf, die Teilnehmer/innen des Wiener Platz Forums waren – innerhalb dieses methodischen Rahmens – zuständig für den Inhalt.

Unter Einsatz teilnehmerorientierter Arbeitsweisen sollten die Moderator/innen für Transparenz in den Argumenten und für Dialog in der Form der Meinungsbildung sorgen. Sie sollten zu allen Beteiligten Kontakt halten, die Verständigungsprozesse auf unparteiische Weise fördern und dabei helfen, auftretende Konflikte im Wege der Vermittlung beizulegen. Sie bemühten sich, eine sachliche und faire »Streitkultur« zu entwickeln, die persönliche Angriffe ausschließt

Ergebnisse

Die Ergebnisse des Wiener Platz Forums wurden in einer Dokumentation als Empfehlung zusammengefasst und dienten der Verwaltung und dem Bezirksausschuss bzw. Stadtrat als Hilfe bei der Entscheidungsfindung. Damit es für die Bürger/innen attraktiv ist, sich ehrenamtlich in dem konsensorientierten Beteiligungsverfahren zu engagieren, sollte bei Konsensergebnissen die Devise gelten: »Gegen gute Argumente gibt es keine politischen Entscheidungen«, d.h. Bezirksausschuss und Stadtrat weichen nur mit offengelegten, nachvollziehbaren, guten Gründen von der Empfehlung des Wiener Platz Forums ab.

Verhaltensregeln

Folgende Vorschläge für Verhaltensregeln wurden von allen Teilnehmer/innen verbindlich anerkannt:

- Jede/r bringt in das Wiener Platz Forum eine echte Dialogwilligkeit ein und die Bereitschaft, sich offen auf das moderierte Verfahren der Konsensfindung einzulassen.
- Der Blickwinkel in der Lösungssuche ist nicht der des privaten Einzelinteresses, sondern eines zu definierenden öffentlichen oder Gemeinwohlinteresses. Damit sollte jede/r bereit sein, sich um Lösungen zu bemühen, die auch die Interessen der Anderen umfassen.

- Die gesuchten Lösungen sollten von Dauer sein und nicht auf Kosten abwesender Dritter oder der Allgemeinheit gehen.
- Die Auseinandersetzung erfolgt auf der Basis sachbezogener, nachvollziehbarer Argumentation. Die Diskussion wird fair und in Achtung vor der Person geführt. Die Beziehungen zwischen den Parteien sollten sich verbessern, zumindest nicht verschlechtern. Persönliche Angriffe und Schuldzuweisungen werden daher nicht geduldet.
- Im Beteiligungsverfahren selbst werden keine Entscheidungen bezüglich Planung oder Vollzug von Lösungen getroffen, die Arbeit dient als Vorbereitung und Empfehlung für den Diskussions- und Entscheidungsprozess im Bezirksausschuss, im Stadtrat, in der Verwaltung und in der Öffentlichkeit.
- Die Gespräche sind vertraulich; Äußerungen einzelner Teilnehmer/innen dürfen nur mit deren ausdrücklicher Zustimmung zitiert werden.
- Es wird kein Prozess-, sondern nur ein Ergebnisprotokoll geführt. Eventuelle elektronische Aufzeichnungen dienen ausschließlich der korrekten Dokumentation und nicht der Information der Öffentlichkeit.
- Es ist ein gemeinsamer Beschluss darüber herbeizuführen, in welcher geeigneten Weise die Presse und die Öffentlichkeit über die Ergebnisse des Wiener Platz Forums informiert werden.
- Um die Einhaltung dieser Verfahrensvereinbarungen bemühen sich alle Teilnehmer/innen eigenverantwortlich und gemeinsam. Der Moderator hat das Recht, auf Verletzungen dieser Vereinbarungen aufmerksam zu machen und ggf. die Einhaltung sicherzustellen.

Der Weg zum Konsens

Durch die Entkoppelung der Teilnehmer/innen des Innenkreises von den entsendenden Gruppen war es möglich, die Mediations-Hauptverhandlung kompakt auf ein Wochenende (Freitagnachmittag bis Samstagabend) zu legen. Die Teilnehmenden sollten aus eigener Betroffenheit und Erfahrung zwar ihre Interessen vertreten und einbringen, mussten sich aber nicht verbindlich im Namen ihrer Gruppe äußern. Um den immer noch umfangreichen Verhandlungsweg an einem Wochenende gehen zu können, galt es, im Vorfeld möglichst viel Klarheit und Transparenz zum Verfahren und zu den Inhalten zu schaffen. Die konstruktive Mitwirkungsbereitschaft wurde in Vorgesprächen[73] geklärt, desgleichen das Verfahrenskonzept inklusive seiner »Spielregeln«. Ferner wurden die inhaltliche Ausgangsposition zum Verwaltungsvorschlag und erste eigene Kommentare und Wünsche zur Platzgestaltung offengelegt. Derart informiert und vorbereitet, kamen die Teilnehmer/innen am 22. und 23. September 2000 zusammen, um gemeinsam einen Konsens[74] zu finden.

Vorgespräche / Konfliktanalyse

In einem aufwendigen Ermittlungsverfahren wurden Betroffenen-Gruppen identifiziert[75] und gehört. Es wurden separate Gruppengespräche mit insgesamt 41 Personen geführt, in denen das Mediationsverfahren als Vorgehensweise erläutert, die Akzeptanz geklärt, aber auch die tendenzielle Haltung der Gruppe zum Verwaltungsvorschlag (ablehnend, kritisch, zustimmend) sowie erste Kommentare und Wünsche zum Platzumbau abgefragt wurden. Die Gruppen sollten dann eine Person als Stellvertreter/in aus ihrer Mitte benennen, die ihre Interessen in den Dialog einbringen sollte.

Die nachfolgende Tabelle ist eine Spiegelung der inhaltlichen Vorgespräche mit den Interessengruppen in einer Art Konfliktanalyse, die die Bandbreite der Interessen offenlegt. Diese Aufzählung gibt nur eine erkennbare Tendenz als Orientierung und Hilfe für den Dialog beim Wiener-Platz-Forum wieder. Das Ergebnis sollte die Stellvertreter/innen nicht binden. Letztlich sollte gelten, was am 22. / 23. September 2000 an Argumenten vorgebracht würde.

Persönliche Erinnerungen

Vertrauen kann man nur gegenüber Menschen entwickeln, die man gut kennt. Das Mediations-Wochenende am 22./23. Septem-

---

[73]   vgl. das Unterkapitel »Vorgespräche/ Konfliktanalyse«

[74]   vgl. die folgenden Unterkapitel

[75]   vgl. das Unterkapitel »Modell und Ablaufplan«

ber 2000 begann daher mit einer intensiven Kennenlernphase
nach der Methode der Wertschätzenden Erkundung. Durch
gegenseitige Interviews, die u.a. ganz persönliche Erinnerungen
und Bezüge zum und Bindungen an den Wiener Platz offenba-
ren sollten, wurden Erinnerungs-»Schätze« des Wiener Platzes
zusammengetragen.

Interessen-gruppe	Tendenzielle Haltung zum Ver-waltungs-vorschlag	Erste Kommentare und Wünsche
Einzelhändler	ablehnend	Platz soll keine Fußgängerzone werden Befürwortung des Planentwurfes von Herrn Semmler Alle Parkplätze müssen bleiben, aber: Kurzzeitparken, Park-uhren oder Parkautomaten Gutes Beispiel: Stadt Dachau: Bepflasterung, Schritttempo -> Ideallösung Anlieferung der Geschäfte muß ohne zeitliche Begrenzung möglich sein mehr Abfalleimer aufstellen Wiener Platz ggf. so belassen, wie er jetzt ist
Standlbesitzer	ablehnend	Befürwortung des Planentwurfes von Herrn Semmler Kurzzeitparkplätze müssen sein Betreiberparkplätze fehlen (vgl. Viktualienmarkt) keine Lagermöglichkeiten vorhanden Verlagerung der Trambahn-Haltestelle verursacht Pro-bleme bei Belieferung / Entladung durch Halteverbot im Haltestellenbereich Zweifel an Markterweiterung (bereits jetzt Leerstand) Mieten zu hoch und umsatzabhängig Fahrradabstellplätze von HB-Besuchern auf HB-Grund anbieten Zusätzliche Bäume, Pflanzkübel und Müllcontainer am Platz Bestuhlung im Standln-/innenhof und Begrünung, um Verweildauer zu erhöhen

Dienstleister	ablehnend	Aufwertung ja, aber nicht »zu Tode beruhigen« Möglichkeiten, sich rauszusetzen, z.B. Eiscafe Nicht alle 3 Straßen zumachen Nicht alle Parkplätze wegfallen lassen, Kurzzeitparken gestatten Senkrechtparkplätze am Beginn des Platzes (derzeit Trambahnhäusl) wären gut Zweifel an Abbiegemöglichkeit für große LKW aus der Sckellstraße
Anwohner (Eigentümer und Mieter)	Kritisch	Ob totale Fußgängerzone fraglich Angst vor Verödung, kein weiterer Genoveva-Schauer-Platz! Teilw. Befürwortung des Planentwurfes von Herrn Semmler Teilw.: Einheitlicher Platzcharakter ohne Zerschneidung durch Straßen Sichere Querung der Inneren Wiener Straße für Kindergartengruppen Parklizensierung für Anwohner Tiefgarage des Hofbräuhauses besser nutzen Litfaßsäule fehlt, Schattenspender fehlen
Kunst / Kultur	Kritisch	Aufwertung ja, aber nicht »zu Tode beruhigen« Möglichkeiten, sich rauszusetzen, z.B. Eiscafe Nicht alle 3 Straßen zumachen Nicht alle Parkplätze wegfallen lassen, Kurzzeitparken gestatten Senkrechtparkplätze am Beginn des Platzes (derzeit Trambahnhäusl) wären gut Zweifel an Abbiegemöglichkeit für große LKW aus der Sckellstraße

Gastronomie	zustimmend	Zustimmung zu Parkplatzwegfall auf dem Platz
		Stellplätze in vorhandener Tiefgarage durch Subventionierung besser nutzen
		Parkzeitbegrenzung in der Inneren Wiener Straße
		Schrägparkmöglichkeiten beim Kiosk statt Längsparkplätze
		HB möchte im Frühjahr ca.10 Tische aufstellen wo im Sommer die Radl parken
		Weinstadl möchte ca. 10 Tische aufstellen
		Sitzmöglichkeiten fehlen, öffentliche Toilette fehlt,
		Besseren Standort für kleinen Brunnen im Innenhof der Standeln suchen, stattdessen dort Fahrradabstellplätze anbieten
Behinderte / Senioren	zustimmend	Zum Teil Zustimmung zu Parkplatzwegfall auf dem Platz, z.T. Wunsch nach Kurzzeitparkplätzen, da Autofahrer sonst in 2. Reihe parken
		Sichere Straßenquerungsmöglichkeit
		Attraktionen auf dem Platz schaffen (Brunnen, Wasserspiele, sinnliche Erfahrungen)
		Standl sollen Warenspektrum für den täglichen Bedarf abdecken
		Seniorengerechte Gehsteige, Poller tödlich für Blinde, Kopfsteinpflaster nicht gut für Rollstuhlfahrer, öffentliches WC fehlt, gute Beleuchtung schaffen, schattige Sitzgelegenheiten fehlen, Bänke oft zu breit und zu hoch
Kinder / Jugend	zustimmend	Für Fußgängerzone, markierter Radlweg
		Gefahrlose Erreichbarkeit von Spielplätzen und Kindergärten sicherstellen
		Trinkbrunnen, Wasserspielplatz speziell für Kinder (-> Bsp. Tinguely)
		Außenstelle Kinderbücherei einrichten, überdachte Sitzflächen
		Erinnerung an alte Salzstraße

Ausländer	zustimmend	Zustimmung zu Parkplatz- und Straßenwegfall auf dem Platz
		Als Treffpunkt wie Weißenburgerplatz (Negativbsp. Orleansplatz)
		Aufwertung der Läden durch Fußgängerzone
		Mehr Brunnen und Bänke
		Denkmal (z.B. zum Thema »Integration Deutsche–Ausländer«)
		Ausweitung der Öffnungszeiten der Standln am Abend

Blick in die Vergangenheit

Zukunft hat Herkunft. Deren Kenntnis gibt Maßstäbe und Fingerzeige für die Diskussion von Bedürfnissen und Interessen. Zu Beginn dieser Phase hielt ein Vertreter von der Lokalbaukommission, Abt. Stadtgestaltung, einen eindrucksvollen, mit Plänen und Fotos illustrierten Einführungsvortrag, der einen historischen Rückblick auf Gestaltung und Nutzung des Wiener Platzes erlaubte. Nach diesem professionellen Blick in die Historie waren die Teilnehmer/innen selbst gefragt, noch persönliche Erinnerungen oder Fakten und Geschichten von Vorfahren und Nachbar/innen beizusteuern. Anschließend wurde stichwortartig festgehalten, was aus dem Gesagten wohl bewahrenswert für die Zukunft sei.

Blick in die Gegenwart

In dieser Phase wurde vom Innenkreis eine Sammlung der gegenwärtigen Ziele, Funktionen und Nutzungen des Platzes angelegt. Die einzelnen Nennungen wurden dann bewertet als »+« (= aus heutiger Sicht befriedigend), »-« (= aus heutiger Sicht unbefriedigend) und »?« (= unterschiedliche / strittige Bewertung unter den Teilnehmer/innen).

Auf die Frage, ob bezüglich der Umgestaltung des Platzes auch eine »Nulloption« (= keine bauliche Veränderung gegenüber dem heutigen Zustand) denkbar wäre, antwortete der Innenkreis mit einem überwiegenden Wunsch nach Veränderung/ Verbesserung des Platzes. Einige machten jedoch den Vorbehalt, dass, wenn die Veränderung in eine »falsche Richtung« ginge, eine Nulloption möglicherweise doch das kleinere Übel sein könnte.

Blick in die Zukunft

Der Blick in die Zukunft des Wiener Platzes begann am Samstagmorgen mit einem Kurzvortrag eines Vertreters des Planungsreferates der Stadt München, Abt. Stadtsanierung. Da der Wiener Platz im Sanierungsgebiet Haidhausen liegt, strich er die wesentlichen Ziele und Themen der Stadtsanierung in diesem Gebiet heraus. Ihm folgte der Vertreter des Hochbauamtes des Baureferates, der seinen Entwurf der Umgestaltung des Platzes vorstellte und begründete.

Die Teilnehmer/innen des Innenkreises verständigten sich danach zunächst im Konsens auf eine Liste von Zielen, die aus ihrer Sicht mit der Platzumgestaltung angestrebt werden sollten und suchten dann nach Maßnahmen, mit denen diese Ziele erreicht werden könnten. In einer Bewertungsrunde wurde festgestellt, welche der Maßnahmen konsensfähig waren und welche kontrovers eingeschätzt wurden.

Nachdem dies geschafft war, diskutierte der Innenkreis verschiedene Varianten der Umgestaltung des Wiener Platzes im Spannungsfeld von Fußgängerzone (ohne Durchfahrtsmöglichkeit für Kfz und ohne Parkmöglichkeiten) und Lösungen, die den Besorgnissen und Befürchtungen im Hinblick auf die Auswirkungen auf

Pläne und Modell als Arbeitsmaterial und Diskussionshilfen

die gewerbliche Existenz eines Teils der Innenkreis-Teilnehmer/
innen (Einzelhandel, Dienstleister/innen, Eigentümer/innen,
Standlbesitzer/innen) Rechnung trugen und doch noch begrenz-
te Durchfahrtsmöglichkeiten und Kurzzeitparkplätze vorsahen.
Nach dem Abwägen verschiedener Vor- und Nachteile, sowie
Folge- und Nebenwirkungen der Varianten, kam es letztlich zu
einem Konsens in Form eines Ziel- und Maßnahmenbündels.[76]
Hier bewährte sich sowohl das vorhandene bauliche Modell des
Platzes wie auch verschiedene Pläne auf Papier und Folie, mit
denen Ideen und Redebeiträge schnell veranschaulicht werden
konnten.

Dieser Prozess war jedoch keineswegs einfach. Bis zum Ende
standen sich zwei grundverschiedene Entwürfe unversöhnlich
gegenüber, die sich im Wesentlichen in der Frage der Befahr-
barkeit des Platzes mit PKW und der Ausweisung von (Rest-)
Parkplätzen unterschieden. Die klare Folgewirkung, dass sich die
Politik bei zwei sich widersprechenden Ergebnissen für eine ent-

---

76   vgl. das Kapitel »Der Konsens« auf Seite 116

scheiden muss und es daher mit Sicherheit einen Verlierer geben würde, beflügelte die Teilnehmer/innen zu einem letzten Einigungsversuch. Das zwischenzeitlich erreichte gute »Streitklima« ermöglichte es einer Seite, offen zu sagen, dass ihre Argumente von der Angst um die gewerbliche Existenz bestimmt seien und sie die Vorteile der anderen Position durchaus sähen. Dies wiederum ermutigte die andere Seite, nicht noch mehr inhaltliche und logische Argumente vorzubringen, sondern nach Lösungen Ausschau zu halten, die der Angst der anderen Seite Rechnung trugen. Dies war der Durchbruch zur Konsenslösung in letzter Minute.

Der Konsens

Folgende Ziele für eine künftige Gestaltung und Nutzung des Wiener Platzes wurden (ohne Rangordnung) vom Innenkreis im Konsens festgelegt:

- Platz für die Menschen attraktiver gestalten
- Freizeit und Aufenthaltsqualität stärken (Verweilen), auch kommerzfrei
- Element Markt aufwerten, Marktfunktion stärken
- Funktionsfähigkeit als Arbeitsort sichern
- Stärken der Wohnqualität
- Sicherung der Nutzungsvielfalt
- Erhalt der historischen Bezüge
- Sicherung der Durchlässigkeit (Haidhausen, Grünanlagen)
- Verbesserung des Erscheinungsbildes

Als Maßnahmen zur Erreichung dieser Ziele wurden im Konsens eine Grundidee und eine Sammlung von Gestaltungsmaßnahmen verabschiedet:

»Die Grundidee besteht aus drei untrennbaren Teilen:

- Voraussetzung aller Umgestaltungspläne des Platzes ist die Einrichtung einer Linksabbiegespur auf der Inneren Wiener Straße in die Steinstraße. Dies geht nur, wenn durch Anordnung eines absoluten Halteverbotes auf dieser Höhe 5 derzeitige Parkplätze eingezogen werden.

- Der Verwaltungsentwurf zur Umgestaltung des Wiener Platzes in eine Fußgängerzone wird (mit Änderungsvorschlägen s.u.) grundsätzlich gebilligt und als Fernziel anerkannt. Damit kann er mit den eingestellten Haushaltsmitteln auch in einem Stück realisiert werden.

- Um den Besorgnissen und Befürchtungen bezüglich der Auswirkungen auf die gewerbliche Existenz eines Teils der Innenkreis-Teilnehmer/innen (Einzelhandel, Dienstleister/innen, Eigentümer/innen, Standlbesitzer/innen) Rechnung zu tragen, wird in einer Probephase von ca. 1 Jahr durch geeignete Mittel (Poller oder Markierung) vor den Häusern Wiener Platz 4–8 eine Durchfahrt von der Inneren Wiener Straße hin zur Sckellstraße in Einbahnrichtung ermöglicht. Erst nach Abschluss der Testphase soll endgültig entschieden werden, ob das Provisorium der Durchfahrtmöglichkeit aufgehoben wird zugunsten einer reinen Fußgängerzone oder ob diese Möglichkeit auf Dauer bestehen bleiben soll. Diese Durchfahrtmöglichkeit soll durch bauliche und verkehrsregelnde Maßnahmen so unattraktiv wie möglich für den allgemeinen Verkehr (damit kein Schleichverkehr entsteht) gemacht werden (z.B. an der Einmündung Chorherrstr. nur Rechtsabbiegen möglich, durchgezogene Linie dort auf der Inneren Wiener Straße, Tempo 15 Km/h auf der Durchfahrtmöglichkeit usw.). An der Einmündung in die Sckellstraße soll durch einen Zebrastreifen eine sichere Überquerungsmöglichkeit zu der Grünanlage und dem Spielplatz geschaffen werden. Ferner sollen vor den Anwesen Wiener Platz 7 und 8 mindestens vier Kurzzeitparkplätze eingerichtet werden, desgleichen zwei neue Kurzzeitparkplätze gleich hinter der neuen Straßenbahnhaltestelle, vor den Standln. « Ohne Rangfolge wurden folgende Maßnahmen im Rahmen der Umgestaltung des Wiener Platzes im Konsens beschlossen, die von den Fachleuten der Verwaltung in ein Modell »aus einem Guss« gebracht werden sollten (d.h. man bestand nicht auf der Umsetzung jeden einzelnen Punktes der Liste):

- Der Platz sollte so umgebaut werden, dass er nur noch ein Niveau hat.

- Die Oberfläche des Platzes sollte behinderten-, alten- und kinder(wagen)gerecht sein.
- Die alte Wegestruktur (Fahrbahnen, Gehwege) sollte in der Gestaltung ablesbar sein.
  Zumindest in der näheren Umgebung sollte ein frei zugänglicher Behindertenparkplatz sein (nicht reserviert).
- Toilette (ggf. behindertengerecht) mit Schlüssel bei den Standln
- Ergänzung der vorhandenen Standln durch weitere offene Stände
- Erscheinungsbild der Standln verbessern
- Ausweitung der Öffnungszeiten der Standln und Geschäfte am Wiener Platz und Einführung von einheitlichen Öffnungszeiten
- gemeinsame Freischankfläche für den Markt und Weinhäusl mit zeitlicher Begrenzung der Öffnungszeiten (ohne Kommerzzwang)
- an warmen Tagen der Vorsaison Freischankfläche vor Hofbräuhaus (Öffnungszeiten müssen noch geklärt werden)
- Problem der Fahrradabstellplätze vor dem Biergarten: Hofbräuhaus soll auf eigenem Grund im Innenbereich Abhilfe schaffen.
- Sanierung des Asphaltbelages in der Inneren Wiener Straße im Zuge der Gleiserneuerung
- neuer Standort des Maibaumes hinter die Standl mit Beleuchtung und historischer Hinweistafel
- Schaffung von Sitzmöglichkeiten
- gute Beleuchtung des gesamten Platzes sicherstellen
- Kunstobjekt aufstellen, ggf. Wechselkunst / Kunstplattform, ggf. Kunstmeile (bis zum Gasteig)
- Fahrradweg markieren (falls nötig)
- Der Bau einer Tiefgarage wurde abgelehnt.

Ferner soll noch auf folgende Rahmenbedingungen hingewiesen werden, die Auswirkungen auf die künftige Nutzung des Platzes haben werden:

- Im Zusammenhang mit Untersuchungen zu »Mobinet« ist geplant, in einem großräumigen Umgriff um den Wiener Platz eine Neuordnung des ruhenden Verkehrs (Kurzzeitparken, Parkuhren, Anliegerparkplätze etc.) herbeizuführen, die die Situation sowohl für Gewerbetreibende als auch für die Anlieger/innen verbessert.

- Wenn der Wiener Platz Fußgängerzone wird, soll eine Belieferung der Gewerbetreibenden rund um die Uhr gewährleistet sein, wobei den Lastwagen die gesamte Platzfläche für eventuell notwendige Rangiermanöver zur Verfügung steht. Auch den privaten Anlieger/innen soll ein Be- und Entladen ihres PKWs vor dem Haus möglich sein.

Vorbehaltlich der Zustimmung des Planungsreferates der Stadt München als Auftraggeber wurde vereinbart, dass die Ergebnisse des Wiener Platz Forums von den beteiligten Bürger/innen im Innenkreis selbst der Öffentlichkeit und den Medien im Rahmen einer Pressekonferenz präsentiert werden.

Schlussbetrachtung

Im Rahmen des Mediationsverfahrens haben in ca. 16 Zeitstunden 18 Personen des Innenkreises (planungsbetroffene Bürger/innen, die 14 verschiedene Interessenblickwinkel repräsentierten) und in beratender Funktion weitere 18 Personen des Außenkreises (Politik, Verwaltung, Expert/innen) mitgewirkt. Der Durchbruch zum Konsens gelang erst in letzter Stunde, die verbleibende Zeit reichte nicht aus, um noch alle Details auszuformulieren oder um zu prüfen, ob alle Gestaltungsdetails, über die isoliert Konsens bestand, auch ein sinnvolles Ganzes in einem Gesamtentwurf bilden.

Insofern waren – wenn dieses Ergebnis umgesetzt werden sollte – die Fachleute gefragt, auf der Grundlage des in den Konsens-Zielen erkennbaren Willens und »Geistes« der Grundidee der Innenkreis-Teilnehmer/innen nun einen neuen Gestaltungsentwurf »aus einem Guss« zu fertigen. Dieser neue Entwurf sollte einerseits möglichst viele Bausteine aus dem Konsens-Maßnahmenkatalog des Innenkreises enthalten, andererseits aber auch Kriterien der noch zu prüfenden baulich-technischen Machbarkeit, der rechtlichen Zulässigkeit, den finanziellen Möglichkeiten und nicht zuletzt auch der Ästhetik und Stadtgestalt berücksichtigen.

Deshalb machten die Moderator/innen folgenden – akzeptierten – Verfahrensvorschlag: Von der Verwaltung ist ein Vorschlag für die Modalitäten der Testphase zu entwickeln, der mit dem gesamten Innenkreis, mindestens jedoch mit seinen vier gewählten Vertreter/innen als einer Art »Sprecher/innenrat«, abgestimmt werden sollte. Die Klärung umfasst sowohl Art und Umfang des baulichen Provisoriums, die Aufstellung von nachprüfbaren Kriterien an denen der Erfolg oder Misserfolg des einjährigen Testbetriebs gemessen werden soll, die Klärung der Datenerhebung (was und durch wen), um später die Kriterienerfüllung auf einer sachbezogenen Grundlage diskutieren zu können und die Frage, wer mit wem über das Ergebnis entscheidet.

Mit seinen Inhalten zur Platzgestaltung und seiner zeitlichen Komponente (Testphase) entsprach dieses Mediationsergebnis am besten den Bedürfnissen der 14 vertretenen »Blickwinkel« im Innenkreis, wie auch dem Wunsch, einen Konsens und Interessensausgleich im Lichte eines dialogisch zu entwickelnden Gemeinwohls zu finden. Damit war die Pattsituation überwunden, die nach der turbulenten Einwohnerversammlung Au-Haidhausen im November 1999 entstanden war, als derselbe Verwaltungsentwurf mit Mehrheit abgelehnt wurde, sich aber auch kein Planungsvorschlag der Bürger/inneninitiativen durchsetzen konnte.

In seiner Sitzung vom 15. November 2000 schloss sich der Bezirksausschuss Au-Haidhausen einstimmig dem Votum des Wiener Platz Forums an und beauftragte die Bauverwaltung nun ein Konzept vorzulegen, das inhaltlich dem Mediationsergebnis entsprechen sollte und formal die vereinbarte Testphase regelte.

Dies geschah dann auch so. Der Platz wurde entsprechend dem Mediationsergebnis umgebaut. Er bewährte sich in der vereinbarten Testphase, so dass die Lösung dann als Dauerlösung beibehalten wurde.

Rietheimer Feld: Golfplatz oder Auen?

Das »Zwei-Kreis-Modell« als Erfolgsfaktor für Mediation im öffentlichen Bereich[77]

Maurus Büsser · Emanuel Wassermann

Mediationen im öffentlichen Bereich bewegen sich bezüglich Ergebnisoffenheit und Gestaltung des Vorgehens oft in einem Korsett: Es bestehen Abhängigkeiten zu gefällten (Vor-) Entscheiden und zu demokratischen Mitwirkungsrechten. Zudem muss die mittels Mediation gefundene Lösung in der Regel in ein ordentliches Behördenverfahren überführt werden. Die Entscheidbefugnis für die Umsetzung liegt dann letztlich bei der Verwaltung. Dieses Prinzip der Letztverantwortung kann von den beteiligten Parteien als Machtgefälle wahrgenommen werden.

Anhand einer Mediation zur strittigen Nutzung einer Landwirtschaftszone am Rhein bei Rietheim/ Bad Zurzach wollen wir aufzeigen, wie bei der Klärung des Handlungsspielraums und der Festlegung des Mediationsauftrags mit dieser Schwierigkeit umgegangen werden kann. Daraus entstanden ist das »Zwei-Kreis-Modell«.

»Wer Auen will, muss Golf wählen – Bauern im Würgegriff«[78]

Im Kanton Aargau in der Schweiz gibt es seit Jahren offene Fragen zu Nutzung und Schutz des Gebiets »Rietheimer Feld«. Landeigentümer/innen sind zur Hauptsache die Gemeinden Bad Zurzach und Rietheim, die Naturschutzorganisation Pro Natura und die private Interessengruppe Golfplatz (IG Golf). Beim Projekt »Golf« geht es nach Ansicht des Gemeinderates Zurzach und der IG Golf um die wirtschaftliche und gesellschaftliche Entwicklung der Region. Das Projekt hat eine lange Konfliktgeschichte und schon die Vorgängergeneration beschäftigt. Bereits 1978 und 1990 sind Golfprojekte in Volksabstimmungen gescheitert. Vorausgegangen sind jeweils heftige Diskussionen, eine Aufspal-

---

[77] Dieser Beitrag wurde erstmals veröffentlicht in perspektive mediation 2011/3, S. 145–148.

[78] Verkürzung aus Schlagzeilen der Berichterstattung und aus Leserbriefen.

tung der Bevölkerung in zwei Lager sowie eine intensive Berichterstattung und Emotionalisierung durch die Medien. Der Konflikt
belastete das Zusammenleben in der Gemeinde.

Beim Projekt »Auen« möchte Pro Natura als Projektinitiantin ein
Auenprojekt realisieren, welches Bestandteil des Auenschutz-
parks Aargau sein soll. Dieser verlangt aufgrund einer Verfas-
sungsbestimmung, dass 1 Prozent der Kantonsfläche zu Auengebiet wird.

Durch taktisch geschickte Landkäufe haben Pro Natura und die
IG Golf die zwei in unmittelbarer Nähe liegenden Projekte »Golf«
und »Auen« miteinander verquickt. Pro Natura ist Landeigentü-
merin auf potenziellem Golfplatzland, die Golfpromotoren sind
Landeigentümer in potenziellem Auengebiet. Beide Projekte
benötigen bestes und knappes Landwirtschaftsland und sind
deshalb bei der landwirtschaftsfreundlichen Bevölkerung stark
umstritten. IG Golf und Pro Natura wollen ihr jeweiliges Land
gegenseitig tauschen und haben deshalb entsprechend großes
Interesse, dass beide Projekte realisiert werden, was die Boden-
verknappung für die Landwirte besonders verschärfen würde. Die
Eigentümer/innen haben mit Blick auf ein mögliches Golfpro-
jekt die im Golfplatzperimeter verpachteten landwirtschaftlich
genutzten Parzellen vorsorglich gekündigt. Diese Kündigungen
haben zu einer Eskalation des Konfliktes geführt. Die betroffenen
Landwirte haben sich, zum Teil mit juristischen Mitteln, gegen die
vorsorglichen Kündigungen ihrer Pachtverträge zur Wehr gesetzt.

Ein Runder Tisch führt zur Mediation

Der Kanton Aargau muss den verfassungsgemäßen Auftrag umsetzen und Projekte zur Auenrenaturierung realisieren. Wegen
der gegenseitigen Abhängigkeit der beiden Projekte »Golf« und
»Auen« engagierte er sich auch für eine Klärung der Golfplatzfra-
ge, denn nur so würde Land für die Auenrenaturierung zur Verfügung stehen. Aufgrund dieser Ausgangslage hat der zuständige
Regierungsrat im März 2009 zu einem Runden Tisch eingeladen.
Sein Departement für Bau, Verkehr und Umwelt (BVU) trat dabei
als Vollzugs- und Bewilligungsbehörde bei Bau- und Umweltvor-
haben auf. Es vertrat als Gewässereigentümer die Interessen von

Renaturierung und Hochwasserschutz und hatte einen Richtplanbeschluss[79] für ein Auengebiet in Rietheim umzusetzen.

Ziele des Runden Tisches, an dem 26 Personen teilnahmen, waren einerseits der aktuelle Austausch über die verschiedenen Vorstellungen zur künftigen Nutzung des Rietheimer Felds, andererseits sollte geprüft werden, ob die Parteien bereit waren, mittels einer Mediation Lösungsansätze bei den Projekten »Golf« und »Auen« zu finden. Die Forderungen nach kostengünstiger und effizienter Verwaltungsführung sowie ein Kulturwandel im Austausch zwischen Staat und Bürger/innen – weg von der autoritativen hin zur kooperativen Beziehung – schufen günstige Rahmenbedingungen[80] dafür, einen Runden Tisch mit nachfolgender Mediation vorzuschlagen.

Am Runden Tisch zeigte sich das Spannungsfeld: Grundsätzlich wollten alle Beteiligten eine Lösung finden. Allerdings waren viele unter ihnen desillusioniert und hatten kaum mehr Geduld und Kraft dazu, hatten sie doch schon wiederholt versucht, miteinander eine Lösung zu finden. Nach weiteren Vorgesprächen und ernsthafter Prüfung einigten sich alle Betroffenen – mit Ausnahme eines Landwirtes – auf einen Mediationsprozess als letztmöglichen Weg zu einer Lösungsfindung.

Für die Moderation des Runden Tisches beauftragte der Regierungsrat den Generalsekretär des BVU, der über eine Mediationsausbildung verfügt. Für die nächsten Schritte der Premediation und anschließenden Mediation wurde Emanuel Wassermann als verwaltungsexterner Mediator beigezogen.

Die Mediation führte in vielen Sitzungen während eines Zeitraums von rund zwei Jahren zu folgenden Ergebnissen:

- Als Sofortmaßnahme und als Zeichen der ernsthaften Verhandlungsbereitschaft der Grundeigentümer wurden alle gekündigten Pachtverträge um ein Jahr verlängert.

---

[79] Der Richtplan gilt als langfristiges Planungsinstrument und verbindliche kantonale Vorgabe für die nachgeordneten Verfahren.

[80] Büsser, Maurus (2011): Mediation im öffentlichen Bereich. Jahrbuch der Schweizerischen Gesellschaft für Verwaltungswissenschaften (SGVW). Für eine theoretische Begründung der Anwendung im öffentlichen Bereich und weiterführende Literatur.

- Die Parteien einigten sich auf einen Fahrplan für die Klärung der offenen Fragen in den Bereichen »Golf« und »Auen«. Der Fahrplan berücksichtigte auch die nötigen verwaltungsrechtlichen und politischen Entscheide wie zum Beispiel die Fristen für eine allfällige Referendumsabstimmung.

- Für die Abstimmungsphase zur Referendumsabstimmung »Golf« – das Referendum wurde tatsächlich ergriffen – wurden in der Mediation sogenannte Fairnessregeln ausgehandelt. So wurde unter anderem festgehalten, wie in der Abstimmungspropaganda mit Zwischenresultaten aus der Mediation umgegangen werden sollte (der eigentliche Mediationsprozess wurde in der Phase vom Zustandekommen des Referendums bis zur Abstimmung unterbrochen).

- Nachdem sich die Bevölkerung gegen ein Golfplatzprojekt ausgesprochen hatte, wurde die »Golf-Mediation« nach etwa einem Jahr abgeschlossen. Die »Auen-Mediation« wurde fortgesetzt.

- Ende 2010 wurde eine Lösung in der »Auen-Mediation« gefunden und vertraglich vereinbart[81]. Damit war die Mediation abgeschlossen.

- Mit der Einsetzung einer Begleitkommission für die Umsetzung und den Betrieb der Aue in Rietheim soll die neu etablierte Art und Weise der Zusammenarbeit in Zukunft erhalten bleiben. Künftige Interessenkonflikte sollen in mediativer Art und Weise bereinigt werden. Während einer Einführungsphase wird die Begleitkommission durch die Mediatoren unterstützt.

Der Umgang mit eingeschränkter Ergebnisoffenheit und Behördenmacht – Denken in zwei Kreisen

Die Behörde war aufgrund demokratisch zustande gekommener Entscheide verpflichtet, im Rietheimer Feld eine Auenlandschaft zu realisieren oder deren Realisierung durch Dritte (Pro Natura)

---

[81] Die Mediationsvereinbarung ist über die Homepage der Gemeinde Rietheim öffentlich zugänglich, vgl. www.rietheim.ch

zu unterstützen. Entsprechend den gesetzlichen Vorgaben und Richtplanbeschlüssen bestand keine völlige Ergebnisoffenheit in der Mediation. Rechtlich wäre es grundsätzlich sogar möglich gewesen, den Bau einer Aue auf dem dafür festgesetzten Teil gegen den Willen einer Gemeinde zu verfügen. Zusammen mit der Tatsache, dass einer der Mediatoren aus dem Umfeld des Regierungsrates kam – auch wenn die Parteien die Wahl der Mediatoren ausdrücklich gutgeheißen hatten – nährte dies das Vorurteil gegenüber der Behörde: »Die da oben machen sowieso, was sie wollen. Ein Mediationsverfahren dient doch nur dazu, uns auf sanfte Art etwas aufzudrücken, das wir gar nicht wollen.« Auf der anderen Seite hofften die Landwirte, ja selbst die Gemeindebehörden, dass mit der Mediation das ganze Projekt vereitelt werden könnte; wenn die Behörden nur sehen würden, wie groß die Vorbehalte vor Ort gegen das Projekt und welche Schwierigkeiten zu dessen Realisierung zu meistern sind.

Diese Befürchtungen und teilweise auch unterschiedlichen Erwartungen begleiteten den Start der Mediation. Für die Mediatoren war es eine der großen Herausforderungen, Vertrauen in ihre Allparteilichkeit und ins Verfahren zu schaffen. Dabei gab es ein paar heikle Fragen: In welchem Rahmen können überhaupt Lösungen entwickelt werden? Was muss als gesetzlich gegeben angeschaut werden? Wie kann die Mediation mit politischen Prozessen und laufenden Verwaltungsverfahren verknüpft werden?

Zur Beantwortung dieser Fragen diente als Leitidee das Bild zweier Kreise. Daraus entstand schließlich das Zwei-Kreis-Modell[82].

Der erste, innere Kreis beschreibt das eigentliche Mediationssystem, das für alle Mediationen gilt. Das Mediationsteam (M) vermittelt zwischen den Parteien (A, B, C und V). Es schafft einen Raum, in dem definiert wird, in welcher Weise die Beteiligten ihre Themen und Interessen gleichberechtigt bearbeiten. Das Prinzip der Letztverantwortung der Verwaltung und die reduzierte Ergebnisoffenheit verlangen von den Mediator/innen die Sicherstellung, dass die im inneren Kreis gefundene Lösung durch die

---

[82] Die Grundlage der weiterentwickelten Abbildung stammt aus: Duss-von Werdt, Joseph (2005): homo mediator. Geschichte und Menschenbild der Mediation, Stuttgart: Klett, S. 169.

Maurus Büsser · Emanuel Wassermann

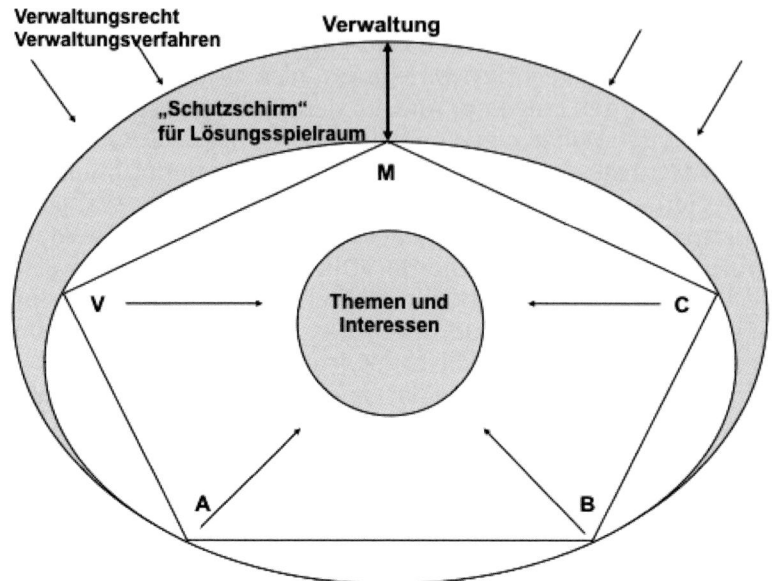

Zwei-Kreis Modell für Mediationen im öffentlichen Bereich

Verwaltung und deren politischen Vorgesetzten auch umgesetzt werden kann (und auch der Wille dazu vorhanden ist). Zu diesem Zweck haben wir mit der Verwaltung den Handlungsspielraum (Fristen, Verfahren, Zuständigkeiten) definiert.

Der sich daraus ergebende äußere Kreis definiert den Lösungsspielraum und bildet eine Art Schutzschirm zum inneren Kreis. Dieser Schirm soll garantieren, dass die Parteien die nötige Zeit für die Lösungssuche bekommen. Zudem soll er sicherstellen, dass die von den Parteien gefundene Lösung auch von der politischen Behörde getragen und in Verwaltungshandeln (z.B. Verfügung, Bewilligung, Konzession) überführt werden kann. Der Schutzschirm schützt die Mediation so vor »bösen« Überraschungen und der Verwaltung(-smacht).

Es erforderte einige Hartnäckigkeit und mehrmaliges Nachfragen, der Verwaltung eine durch den politischen Verantwortungsträger gebilligte Festlegung des möglichen Lösungsspielraumes abzuringen. Der äußere Kreis musste so präzise und auch für Laien verständlich festgelegt werden, damit der Regierungsrat dann später auch bereit war, sein politisches Gewicht dafür einzusetzen.

Es war wichtig, gegenüber den andern Mediationsparteien und der Bevölkerung Transparenz darüber zu schaffen, wo die Grenze der Ergebnisoffenheit (oder des Lösungsspielraums) in dieser Mediation waren. Diese Grenze war definiert durch im Vorfeld getroffene demokratische Entscheide, die Gesetzgebung im Allgemeinen, die Behördenverfahren (Fristen, Einspracheregelungen) und die Rückbindung zu politischen Amtsträger/innen. Es durfte z.B. nicht suggeriert werden, dass zur Frage »Soll es eine Aue geben? Ja/Nein?« in dieser Mediation überhaupt eine Antwort gesucht werden darf. Es ging im inneren Kreis darum miteinander zu verhandeln, wie groß diese Aue genau sein sollte, wo die Stillgewässer und Wege angelegt werden sollten, wie der Hochwasserschutz garantiert bliebe und – das war als Motivation zur Teilnahme an der Mediation bedeutend – auf welche Weise ein Ausgleich für Private und Gemeinde als Entschädigung für die Zurverfügungstellung von wertvollem Naturraum möglich sein könnte.

Um eine tragfähige Vertrauensbasis zu schaffen, sahen es die Mediatoren als ihre Aufgabe an, die Parteien darin zu unterstützen, den von der Behörde definierten äußeren Kreis zu hinterfragen. Die Veränderung dieser Randbedingungen, z.B. die Abänderung der Richtplanung, hätte allerdings nicht in der Mediation geregelt werden können. Es hätte der übliche demokratische Prozess via Parlament in Gang gesetzt werden müssen. Die intensive Beschäftigung mit Alternativen und das Abwägen der potenziellen Erfolgschancen und möglicher Risiken haben bei den einzelnen Parteien schließlich die Energie freigesetzt, sich auf den Prozess einer gemeinsamen Lösungssuche in der Mediation einzulassen. Einzig der hauptbetroffene Landwirt wollte nach der Klärung des äußeren Kreises nicht an der Mediation teilnehmen, was die anderen Beteiligten akzeptieren konnten.

Zur Unterstützung der Rückbindung in die Bevölkerung und in die verschiedenen Interessengruppen war es wichtig, die Randbedingungen für die Mediation, also den äußeren Kreis, deutlich aufzuzeigen und in einem vom Mediationsplenum gemeinsam verabschiedeten Mediencommuniqué öffentlich darzustellen. Generell wurde vereinbart, dass – ohne anderslautende Absprache – nur die Mediatoren zum Verlauf der Gespräche im inneren Kreis öffentlich Auskunft geben. Angaben zum äußeren Kreis hingegen konnten von allen Teilnehmenden jederzeit öffentlich gemacht werden.

Klarheit durch zweifache Auftragsklärung

Basierend auf dem Zwei-Kreise-Modell war klar, dass die Mediatoren zwei Aufträge klären und vertraglich festlegen mussten. Es ging darum, die vorgegebenen Entscheid-Ebenen und die zu Verfügung stehenden Zeiträume der demokratischen Bewilligungsprozesse zu berücksichtigen und mit der Mediation zu koordinieren, ja, diese gleichsam in das Mediationsdesign einzuweben.

In einer ersten Phase waren die Mediatoren nur dem BVU gegenüber verpflichtet. Die Klärung dieses Auftrages erforderte u. a. die vorgängig dargelegte, präzise Definition des äußeren Kreises. Das erste, äußere Vertragsverhältnis (vgl. in der Abbildung: M – Verwaltung) definiert den Handlungsspielraum, den die Mediation zugesprochen bekommt (Fristen, vorläufigen Aufschub von Verfahrensschritten, gesetzliche und politische Rahmenbedingungen) und beschreibt den Auftrag der Verwaltung an das Mediationsteam.

Erst dann wird das zweite, innere Vertragsverhältnis zwischen den betroffenen Parteien geklärt (stellvertretend in der Abbildung: M, A, B, C und V). Bei diesem zweiten Kontrakt handelt es sich um den klassischen Mediationsvertrag. Auch die Verwaltung fand sich in diesem inneren Kreis als Partei wieder, vertreten durch die für den Auenschutz zuständige Fachabteilung. Damit konnte die Mehrfachrolle der Verwaltung auf verschiedene Köpfe verteilt werden.

Die gefahrenträchtige Konstellation einer Co-Mediation mit je einem verwaltungsinternen und einem -externen Mediator erwies sich in diesem Fall als hilfreich. Die enge Rückbindung in die Verwaltung half, den äußeren Kreis mit großer Verbindlichkeit zu definieren. Die bewusst unabhängige und unterschiedliche

Besetzung der Verwaltungsvertreter/innen im inneren Kreis, das wiederholte und offene Ansprechen möglicher Interessenkonflikte und die gemäß Aussagen der Medianden spürbar allparteiliche Haltung der Mediatoren (im Sinne von Dienstleistern für alle Parteien) trug dazu bei, dass die Chancen der Verwaltungsnähe für diesen Mediationsprozess genutzt werden konnten.

Fazit

Das Denken in zwei Kreisen und zwei Aufträgen half den Mediatoren, eine für Mediationen im öffentlichen Bereich typische Ausgangslage (Beachtung rechtlicher Grundlagen und Verwaltungsverfahren) in einen erfolgreichen Mediationsprozess zu überführen. Die präzise Festlegung und Auftragsklärung des als unantastbar geltenden äußeren Kreises hat auch die beteiligten Parteien unterstützt, immer wieder Klarheit darüber zu bekommen, was in dieser Mediation überhaupt verhandelt werden kann und was nicht.

Die hartnäckig erarbeitete Klarheit in Bezug auf den Rahmen der Mediation kam auch in der Haltung der Mediatoren zum Ausdruck. Dank der eindeutigen und transparenten Auftragsbestimmung des »äußeren Kreises« mit der Behörde fiel es den Mediatoren leichter, im »inneren Kreis« glaubhaft eine allparteiliche Haltung einzunehmen und zwischen allen Beteiligten, inklusive der im Mediationsplenum vertretenen Verwaltung, zu vermitteln. Die so entstandene Klarheit und Transparenz vermied Enttäuschungen und der Prozess wurde nicht als »Pseudopartizipation« wahrgenommen.

Es ist zu hoffen, dass das bewusste Denken und Klären des Auftrags in zwei Kreisen den Behörden Motivation und Sicherheit geben wird, den vorhandenen Spielraum im Verwaltungsrecht vermehrt mit Hilfe von Mediationen zu nutzen. Geschieht dies zu Gunsten einer konfliktlösenden, bürgernahen Verwaltungstätigkeit, kann das Modell einen Beitrag zur Stärkung der Demokratie leisten. Mediator/innen kann das Modell als Werkzeug zur Auftragsklärung und zur Strukturierung des Mediationsprozesses dienen.

100-Millionen-Euro-Projekt im Konsens ausgehandelt

Mediation zum Einkaufszentrum in Weiden/Oberpfalz setzt Zeichen

Brigitte Gans

Auseinandersetzungen um Einkaufszentren bestimmen an vielen Orten die öffentliche Diskussion. Während in den großen Städten inzwischen eine Sättigung an Einkaufsmärkten im Zentrum oder in den Stadtteilen erreicht worden ist, setzt sich dieser Trend nun auch in den mittelgroßen und kleineren Städten fort. Dort sind die Rahmenbedingungen jedoch anders und die Bevölkerung ist kritischer geworden. Die 40.000-Einwohner-Stadt Weiden (Oberpfalz) hat mit ihrem Weg der Planungsbeteiligung in Form einer Mediation bewiesen, dass der Dialog mit allen Beteiligten, auch mit Betroffenen und Gegner/innen, zu einem standortange-passten, nachhaltigen Projekt führen kann.

Unversöhnliche Forderungen als Ausgangspunkt

Die Weidener Altstadt ist ein Kleinod aus dem 16. Jahrhundert. In völlig intakter und hochwertig restaurierter Bebauung schmie-gen sich Giebelhäuser an wohlproportionierten Plätzen aneinan-der und bilden ein Ambiente, das seinesgleichen sucht.

Entsprechend groß war die Aufregung, als Ende 2010 der Investor Sonae Sierra der Stadt anbot, ein Einkaufszentrum in der Innen-stadt zu errichten. In der Presse und öffentlichen Diskussion be-gann eine hitzige Diskussion, die sich auf die Frage der Größe und verträglichen Verkaufsfläche eines solchen Einkaufszentrums konzentrierte. 24.000 qm wollte der Investor realisieren, die Geg-ner/innen maximal 6.000 qm zugestehen – die Zahlen bildeten die Positionen der Streitparteien, die sich unversöhnlich gegen-über standen. Kurz nach Bekanntwerden der Pläne gründete sich eine Bürgerinitiative »Weiden – unsere Stadt e.V.«. Sie kritisierte zusammen mit dem Handelsverband HBE und dem IHK-Gremium die Zentrumspläne und forderte einen Runden Tisch, an dem das Thema gemeinsam gelöst werden sollte. Mit Infoständen in der

Fußgängerzone machte die Bürgerinitiative auf das Thema aufmerksam und hatte in kurzer Zeit großen Zulauf.[83]

Nachdem die Stadt Weiden über Monate hinweg mit dem Investor scheinbar hinter verschlossenen Türen nach geeigneten Grundstücken und einem guten Konzept gesucht hatte, drohte das Misstrauen zu eskalieren. Zu einer für dieses Thema angesetzten Bürger/innenversammlung erschienen mehr als 800 Bürger/innen. Der Oberbürgermeister sah sich im Zugzwang und kündigte einen Runden Tisch an, an dem die Pläne gemeinsam diskutiert werden sollten. Die gesellschaftlichen Akteure waren sehr skeptisch, ob eine Einigung bei so gegensätzlichen Positionen überhaupt möglich sei.

Start unter Zeitdruck

Unter großem Zeitdruck – die Grundstücksoptionen liefen bis zum Ende des Jahres aus – begannen die Vorbereitungen für das Beteiligungsverfahren. Mit der Moderation des Runden Tisches wurden per Stadtratsbeschluss Brigitte Gans, München, und Rechtsanwältin Dr. Christa Kraemer aus Weiden beauftragt.[84]

Die beiden ausgebildeten Wirtschafts-Mediatorinnen zögerten zunächst, ob sie den Auftrag als einen Mediationsauftrag annehmen könnten. Der Eskalationsgrad sprach für eine Mediation – allerdings war der Runde Tisch durch den hastigen Stadtratsbeschluss auf Basis eines mit den Mediatorinnen nicht abgestimmten Verwaltungsvorschlags in wesentlichen Teilen vorbestimmt worden.

Darin waren 23 Personen geladen und namentlich benannt worden, darunter Stadträt/innen und Bürgermeister (insgesamt 8 Personen), Eigentümer/innen (Anzahl nicht begrenzt), 4 Wirtschaftsvertreter und 2 Gutachter. Für die Seite der Bürger/innen

---

[83] Weitere Initiativen aus der Bürgerschaft gab es nicht.

[84] Auftraggeber der Mediation waren der Stadtrat und die Finanzverwaltung. Den Investor wollte man bewusst nicht an der Finanzierung beteiligen, da übergeordnet nach »der besten Lösung für die Stadt« gesucht werden sollte und auch Ergebnisoffenheit im Hinblick auf die Wahl des Investors gewünscht war.

Die Altstadt von Weiden: Viele Bürger/innen sahen das Einkaufszentrum als Bedrohung der gewachsenen Strukturen. Foto: Brigitte Gans

waren lediglich die Agenda 21 und die Bürgerinitiative »Weiden – unsere Stadt« eingeladen worden. Alle sollten gleichberechtigt und mit Stimmrecht – ohne Klärung der Rollen und Funktionen – am Runden Tisch teilnehmen. Der Termin für den ersten Runden Tisch war so kurzfristig angesetzt, dass keine Vorgespräche mehr geführt werden konnten. Auch war im selben Stadtratsbeschluss festgelegt worden, dass der Runde Tisch öffentlich im Rathaus tagt. Eine vertrauensvolle Atmosphäre jenseits von Rampen-licht-Rhetorik war damit am Runden Tisch sehr erschwert. Das schwere Eichenmobiliar und das weitläufige Tischhufeisen taten atmosphärisch ihr Übriges.

Mediation erfordert Klarheit im Verfahren

Die erste Aufgabe bestand daher darin, den durch den Stadtrat intuitiv besetzten Runden Tisch in ein mediationsanalog struktu-riertes Vorgehen umzugestalten. Die Mediatorinnen begriffen es als Herausforderung, unter diesen schwierigen Voraussetzungen ein konsensfähiges Verfahren einzurichten.

Das neue Konzept der Mediatorinnen sah vor, dem Runden Tisch als »Vollversammlung« eine arbeitsfähige Arbeitsgruppe zur Seite zu stellen, die in nicht-öffentlichen Vorverhandlungen konsensuale Entscheidungsvorschläge für den Runden Tisch erarbeitet. Die Arbeitsgruppe wiederum war mit nur einer Vertreterin oder einem Vertreter pro Interessenfeld besetzt, was das Gremium auf 8 Teilnehmer/innen verschlankte[85] und die Machtverhältnisse ausbalancierte. Die städtischen Vertreter/innen waren auf den Baudezernenten als teilnehmenden Experten beschränkt. Dies erschien folgerichtig, da die Stadträt/innen durch die Arbeitsgruppe im Hinblick auf einen späteren Stadtratsbeschlusses beraten werden sollten. Die beiden Gutachter bekamen angemessene Rollen: Sie berieten die Gruppe als Experten, besaßen aber kein eigenes Stimmrecht. Die Bürger/inneninitiative war in ihrer Funktion dadurch gestärkt, dass der bundesweit bekannte Einkaufszentrum-Kritiker Dr. Holger Pump-Uhlmann als Gutachter an allen Sitzungen teilnahm und der Initiative zur Seite stand.

---

[85]   Je ein/e Stellvertreter/in durfte beobachtend im Außenkreis teilnehmen.

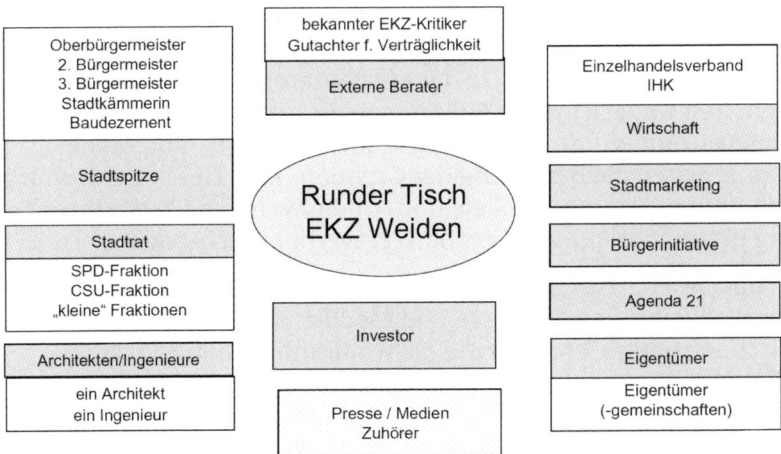

Runder Tisch EKZ Weiden

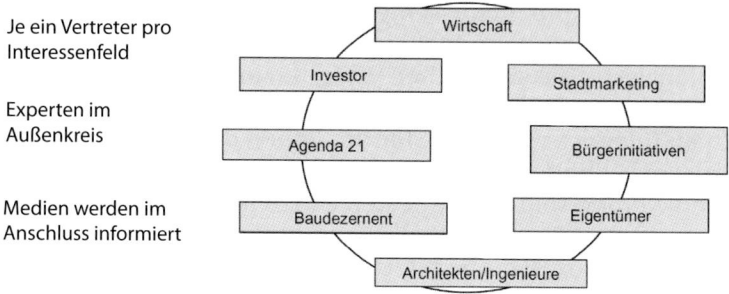

Arbeitsgruppe EKZ Weiden

Erfolgreicher Start trotz schwieriger Startvoraussetzungen

Am ersten Runden Tisch im Juli 2011 stellten die Mediatorinnen das erweiterte Konzept vor laufenden Kameras den per Stadtratsbeschluss benannten Vertreter/innen vor. Auf Skepsis stieß vor allem die Verschlankung des Arbeitskreises: So mussten sich die Wirtschaftsvertreter nun einen Sitz teilen, ebenso die Eigentümer, während die BI weiterhin mit einem Sitz vertreten war. Das für die Teilnehmer/innen wichtigste Argument für die Arbeitsgruppe bestand letztlich in der effizienteren Diskussion im kleinen Kreis angesichts der Fülle der zu diskutierenden Sachthemen. Das Konzept wurde in der Sitzung im Konsens verabschiedet, damit waren die Besetzung der Gremien, eine Geschäftsordnung mit der Festlegung der Ziele und Arbeitsweise sowie die Termine der dreimonatigen Arbeitsphase einvernehmlich geklärt.

In der Geschäftsordnung war auch der Umgang mit der Öffentlichkeit geregelt: Presse und Medien waren zu den Runden Tischen zugelassen. Über die nicht-öffentlichen Arbeitskreissitzungen wurde die Öffentlichkeit durch Pressemitteilungen und -konferenzen informiert. Dazu benannte der Arbeitskreis als Sprecher/innen die Vertreter der BI und des Investors. Alle Dokumente des Runden Tischs und des Arbeitskreises wurden auf der Homepage der Stadt Weiden veröffentlicht.

Die für eine Mediation unerlässlichen Vorgespräche zur Festlegung des Verhandlungsgegenstandes und Eingrenzung der Themen fanden entgegen den Regeln der Kunst erst nach der konstituierenden Sitzung des Runden Tisches im September 2011 statt. In den Gesprächen mit Vertreter/innen aus Politik und Interessensgruppen warben die Mediatorinnen um Vertrauen in ihre unparteiische Moderation des Verfahrens und diskutierten das in der konstituierenden Sitzung in den Grundsätzen beschlossene Verfahren[86]. Die Teilnehmer/innen gewährten den beiden Mediatorinnen den Vertrauensvorschuss für das Konzept.

Hoher Erwartungsdruck an die Mediation

Innerhalb eines Quartals sollte in neun Sitzungen (drei Runde Tische und jeweils zwei Arbeitsgruppensitzungen zu drei Themenkomplexen) ein Konsens zu einem Einkaufszentrum entstehen. Diese Erwartung hegten jedenfalls die Beteiligten. Eine Riesen-Herausforderung für ein 100 Millionen-Projekt, das die Zukunft der Weidener Innenstadt wesentlich prägen würde.

Abzuarbeiten waren drei Themenbereiche:

1. Ziele für die Innenstadt und Aufgaben/Funktionen eines Einkaufszentrums
2. Einzelhandelsverträglichkeit
3. Städtebaulich-architektonische Rahmenbedingungen

---

[86] Dabei konnten noch einzelne Anpassungen im Verfahrenskonzept vorgenommen werden, die bei der ersten Arbeitskreissitzung gemeinsam bestätigt wurden. So gab es beispielsweise bei den Gruppen, die sich einen Sitz teilen sollten, Vereinbarungen, wer bei welchen Themen im Innen- und Außenkreis sitzt.

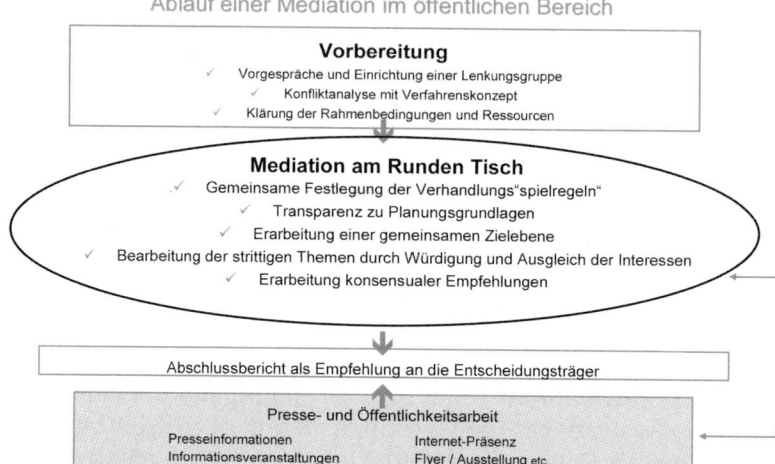

Abb. Idealtypischer Ablauf einer Mediation im öffentlichen Bereich – in Weiden mit stark verkürzter Vorbereitungsphase, ein riskantes Experiment, das glückte.

Das Pferd von vorne aufzäumen

Überzeugungskraft benötigten die Mediatorinnen, um als erstes Thema die Aufgaben und Funktionen der Innenstadt auf die Tagesordnung zu bringen. Alle Teilnehmenden brannten darauf, die Einzelhandelsverträglichkeit und damit den verhärteten Streitpunkt »Größe« zu diskutieren. Mit einem Feilschen um Quadratmeterzahlen einzusteigen, hielten die Mediatorinnen aber für wenig zielführend. In der Mediation gilt der leider oft wenig beachtete Grundsatz: Das (Planungs-)Pferd muss von vorne aufgezäumt werden! Für Weiden hieß das: Zuerst sich darüber verständigen, welche Aufgaben und Funktionen die Innenstadt heute erfüllt und wie ein Einkaufszentrum diese Funktionen unterstützen und stärken kann.

Nach zwei Arbeitsgruppensitzungen war diese gemeinsame Basis geschaffen. Die AG-Mitglieder hatten einen gemeinsamen Konsens erarbeitet, der in einen Kriterienkatalog mündete. Dort ist aufgeführt, welche Ziele durch ein Einkaufszentrums-Projekt zu erfüllen und welche Prüffragen positiv zu bewerten sind.

Ziele eines Einkaufszentrum-Projektes

Beispiele aus dem Kriterienkatalog

- Zusammenwachsen der Altstadt mit den westlichen 1a-Lagen und Funktionserhalt der Altstadt: Inwieweit wird die Altstadt angebunden und gestärkt?[1]

- Stärkung der Attraktivität des Stadtbilds und Inwertsetzung wichtiger Nachbargebäude: Inwieweit verbessern sich das Stadtbild und die Darstellung wichtiger Nachbargebäude?[2]

- Neues Verkehrskonzept für die Innenstadt: Beseitigung von Verkehrsbarrieren und Vernetzung der Fußwege: Inwieweit wird ein Verkehrskonzept realisiert, das Verkehrsbarrieren beseitigt und Fußwege vernetzt?

- Stärkung von Image/Marke Weiden und gemeinsames Stadtmarketing: Inwieweit wird das Image und die »Marke Weiden« gestärkt und durch gemeinsames Stadtmarketing aktiv gefördert?

---

[1] Handel und Gastronomie konzentrieren sich in der Weidener Innenstadt in einem westlichen Teil mit modernen Einzelhandelsflächen, der sog. 1A-Lage, in der die meisten Umsätze im Handel gemacht werden. Durch eine stark befahrene Straße getrennt, schließt sich östlich daran die Altstadt an, deren aufwendig sanierte, denkmalgeschützte Häuser nur kleinere Läden und Gastronomie zulassen. Der Standort des geplanten Einkaufszentrums befindet sich im westlichen Teil am Übergang zur Altstadt. Es sollte auf alle Fälle vermieden werden, dass die Altstadt durch das Projekt abgehängt wird. Daher wurde im Zielekatalog festgeschrieben, dass die Verbindung und Stärkung beider Innenstadtteile nachgewiesen werden muss. Dies wurde von der Stadt vor allem durch die Verkehrsberuhigung der trennenden Straße angegangen. Außerdem soll ein gemeinsamer Marketingverbund entstehen.

[2] Auch auf der Rückseite des geplanten Einkaufszentrums sollte auf die Gestaltung und den Bezug zu den Nachbargebäuden geachtet werden, vor allem zur denkmalgeschützten Zentrale der Firma Witt Weiden, welche die Identität der Stadt prägt.

Win-win-Lösung statt Entweder-oder

Relativ schnell wurde deutlich, dass es nicht um die Frage »Einkaufszentrum ja oder nein«, sondern um die Frage des »guten Wie« gehen wird. Die gemeinsame Analyse zeigte, dass die Innenstadt im Hinblick auf den Einzelhandel deutliche Schwächen aufweist und ein attraktives Einkaufszentrum einen neuen Magneten bilden kann, von dem der Einzelhandel insgesamt profitieren wird. Auch wurde deutlich, dass ein Einkaufszentrum alleine hierfür nicht ausreichen wird, sondern Anstrengungen von allen Beteiligten nötig sind: Von Seiten der Stadt, die Fußgängerzone mit ihrer engen Möblierung und dem dichten Baumbestand zu sanieren sowie den Verkehr zu beruhigen. Von Seiten der Einzelhändler/innen und der Eigentümer/innen, den Bestand zu modernisieren. Und natürlich des neuen Investors Sonae Sierra, der sich bereit erklärte, die gemeinsamen Ziele zu verfolgen, was wesentlich zum gegenseitigen Vertrauen beitrug.

Neben der Verständigung über die Ziele für die Innenstadt war eine wesentliche Aufgabe der ersten beiden AG-Sitzungen, sich eine gemeinsame Informationsbasis zu erarbeiten. Inputs zum EKZ-Konzept durch den Investor, zu den Möglichkeiten eines vorhabenbezogenen Bebauungsplans durch den Baudezernenten, Untersuchungen zum Zustand des Einzelhandels durch den Gutachter und Aussagen zum Weidener Einzelhandel im interkommunalen Vergleich wurden eingebracht und diskutiert.

Bürgergruppen auf Augenhöhe

Die hohe Qualität der Diskussion trotz kurzer Bearbeitungszeit verdankte die Arbeitsgruppe den effizienten Vorbereitungen in dieser Phase. Der ausgewiesene EKZ-Experte Dr. Pump-Uhlmann hatte zusammen mit den Mediatorinnen einen Fragebogen erarbeitet, den die Teilnehmer/innen zu den jeweiligen Sitzungen vorbereiteten und ausfüllten. So war in kurzer Zeit eine fundierte Auseinandersetzung mit den sehr komplexen Themen möglich. Dr. Pump-Uhlmann begleitete die fachliche Diskussion kritisch und bürgte damit dafür, dass vor allem die Bürger/innengruppen sich auf Augenhöhe an der Diskussion beteiligen konnten.

Knackpunkt verträgliche Verkaufsfläche

Bis zum letzten Augenblick spannend gestaltete sich die Diskussion um die Einzelhandelsverträglichkeit des neuen Einkaufszentrums. Hier waren aufwendige Berechnungen zum maximal verträglichen Potenzial durch den Gutachter nötig, die in mehreren Runden diskutiert und nachgebessert wurden.

Den Durchbruch brachte schließlich der Ausgleich zwischen zwei widerstreitenden Interessen: Die bürgerschaftlichen Vertreter/innen wollten das Zentrum so klein wie möglich halten, um den bestehenden Einzelhandel möglichst zu schützen. Der Investor und die Eigentümer/innen wollten einen Publikumsmagneten realisieren. Erreicht wird dies regelmäßig über die vor allem für junge Leute attraktiven Sortimente Bekleidung und Schuhe. Hier war jedoch in Weiden nach Berechnung des Gutachters das zulässige Potential schon stark ausgeschöpft.

Die Arbeitsgruppe erzielte schließlich Konsens, dass das Einkaufszentrum auf eine Gesamt-Verkaufsfläche von 12.440 qm begrenzt werden soll. Die zulässigen Flächen für die Sortimente Bekleidung und Schuhe/Lederwaren wurden jedoch erhöht, um das Einkaufszentrum rentabel betreiben zu können und ihm die gewünschte Magnetwirkung und Strahlkraft zu verleihen. Diese Konsensformel der »doppelten Deckelung« war eine Sensation, mit dem sich die Vertreter/innen am Runden Tisch hochzufrieden zeigten und der in der Presse bejubelt wurde.

Ringen um die Form eines Architekten-Wettbewerbs

Beflügelt durch diesen Erfolg machte sich die Arbeitsgruppe an das Thema der städtebaulich-architektonischen Rahmenbedingungen. Knackpunkt war hier die Frage, ob ein Wettbewerb gemäß den Vorgaben der Architektenkammer oder – wie vom Investor favorisiert – ein Entwurf durch die hauseigenen Architekten von Sonae Sierra durchgeführt wird. Auch hier standen sich die Positionen unversöhnlich gegenüber und konnten sich erst lösen, als die dahinter liegenden Interessen herausgearbeitet wurden. Die Vertreter/innen von Bürgerschaft und Architektur befürchteten, dass ohne Wettbewerb eine phantasielose Investorenarchitektur entstehen würde. Der Investor befürchtete, dass ihm in einem Wettbewerb das Heft des Handelns aus der Hand genommen würde und die Entwürfe nicht ausreichend auf die speziellen Anforderungen eines Einkaufszentrums eingehen würden.

Schließlich wurde ein Kompromiss verabschiedet, der die Interessen beider Seiten berücksichtigte: Es wird ein zweigeteilter Wettbewerb ausgelobt mit einer ersten Phase Städtebaulicher Ideenwettbewerb mit Realisierungsteil nach den Vorgaben der Architektenkammer. Dieser Teil soll die Qualität und Kreativität für das Einkaufszentrum und sein Umfeld sicherstellen. Fakultativ kann sich in einer zweiten Phase ein kooperatives Verfahren anschließen, wenn der Investor Nachbesserungen wünscht, die dann nicht mehr den strengen Regeln des Wettbewerbsverfahrens unterliegen. Für mögliche Nachbesserungen bedingte sich der Investor aus, dass notwendige Anpassungen, auch gravierender Art, möglich sein müssten, ohne dass andere Wettbewerbsteilnehmende Einsprüche erheben könnten.

Weitere Festlegungen z.B. im Hinblick auf die Überbauung vorhandener Straßen, der zeitlichen Zugänglichkeit, der Lage von Ein- und Ausgängen wurden im Konsens getroffen.

Es ist geschafft!

Im Ergebnis konnte beim dritten und letzten Runden Tisch am 24. November 2011 ein umfangreiches Ergebnispapier unterzeichnet werden, welches das Konzept für alle weiteren Planungen darstellte.

Alle Beteiligten – vom extra angereisten Finanzvorstand von Sonae Sierra bis zum EKZ-Experten Dr. Pump-Uhlmann – zeigten sich hochzufrieden mit dem Ergebnis. Dr. Holger Pump-Uhlmann schreibt in seiner abschließenden Stellungnahme: »*Zusammenfassend möchte ich feststellen, dass infolge der in den Arbeitsgruppen zum Runden Tisch »Einkaufszentrum Weiden« beschlossenen Vereinbarungen alle wesentlichen Voraussetzungen für eine nachhaltige Integration des geplanten Einkaufszentrums in die Innenstadt von Weiden gegeben sind.*«

Folgerichtig fasste der Weidener Stadtrat einen einstimmigen Beschluss, das Konzept des Runden Tisches umzusetzen.

Umso größer war die Enttäuschung, als im März 2012 der Investor sich vom EKZ-Projekt zurückzog – der Vorstand in Portugal hatte sich doch noch dagegen entschieden. Doch die Katerstimmung hielt nur kurz an. Die Stadt trat den Weg nach vorne an und schrieb das vom Runden Tisch erarbeitete Konzept für Investoren aus. 21 Interessenten meldeten sich daraufhin bei der Stadt; es folgte ein mehrstufiges Auswahlverfahren. Jetzt kann sich Weiden mit dem neuen Favoriten – einem mittelständischen, bayerischen Unternehmen – in vielen Wünschen noch verbessern. So will der neue Investor das Zentrum noch kompakter bauen. Die Entscheidungswege sind diesmal kürzer.

Längst geht es in Weiden nicht mehr um Ablehnung oder Misstrauen gegen das Zentrum, sondern um ein gemeinsames Hoffen auf eine schnelle Umsetzung: »Wir hoffen wirklich auf eine schnelle Lösung, weil das Konzept, das vorliegt, sehr gut ist für die Stadt Weiden und eine Umsetzung je früher desto besser« sagt Roland Richter, SPD-Fraktion im Stadtrat[87].

Die BI zieht eine positive Bilanz über die Frage des Zentrums hinaus: »Die Bürgerinitiative hat ja schon sehr viel Einfluss gehabt, indem sie den Runden Tisch vorgeschlagen hat. Am Runden Tisch wurden alle wesentlichen Fakten, die das Einkaufszentrum betreffen diskutiert, und haben zu einer hohen Bewusstseinsbildung in der Stadt beigetragen, nicht nur bei den Bürgern, sondern auch im Stadtrat bei den Entscheidungsträgern,« so Dr. Heribert Klein.[88]

Die Rahmenbedingungen für die Umsetzung bilden nach wie vor die Empfehlungen des Mediationsverfahrens.

Win-win-Lösung statt Kompromiss

Das Beispiel EKZ Weiden zeigt, wie aus einer scheinbar unversöhnlichen, Image und Stadtfrieden störenden Auseinandersetzung um ein Großprojekt ein einvernehmliches Konzept ent-

---

[87] Zitat 19. Juli 2013 in Oberpfalz TV
[88] Zitat 19. Juli 2013 in Oberpfalz TV

stehen kann, welches das zunächst geplante Projekt erheblich verbessert. Mediation führt nicht zu (faulen) Kompromissen, sondern stärkt die Handlungsmöglichkeiten der Kommune. Die Kommune gewinnt Mitstreitende statt gegen Gegner/innen zu kämpfen – in Weiden gehört die Bürger/inneninitiative nun zu den stärksten Befürwortern für ein nachhaltiges Einkaufszentrum. Die Kommune gewinnt auch an Handlungsmöglichkeiten gegenüber dem Investor, weil sich die Informiertheit aller Beteiligten am Runden Tisch um ein Vielfaches verbessert und vielfältige Interessenlagen berücksichtigt werden. Effekte, die nicht nur für Einkaufszentrum-Projekte einen effektiven, nachhaltigen und kostensparenden Weg darstellen.

Interessenkollision zwischen Wasserkraftwerken und Fischerei (Schweiz)

Mediation und Klärungshilfe[89] kombinieren bei öffentlichen Konflikten?

Thomas Flucher · Beat Stocker

»Die Klärungshilfe funktioniert nicht, wenn statt den am Konflikt direkt Beteiligten ›nur‹ Vertreter/innen von Organisationen anwesend sind.« Das sagt Christoph Thomann. Da die Bearbeitung der meisten Konflikte im öffentlichen Bereich[90] nur mit Vertreter/innen möglich ist, wäre also die Klärungshilfe in diesem Feld nicht sinnvoll anwendbar. Sollen wir das so stehen lassen?

Wir bekommen eine Anfrage, die zum Test geeignet ist: Es geht um einen Fluss von 85 Kilometer Länge, fünf konkurrierende Energiekonzerne mit acht Kraftwerken, vier Fischervereine mit hunderten von Mitgliedern, sechs politische Gemeinden, zwei Abwasserreinigungsanlagen, einige Industriebetriebe sowie mehrere zuständige Amtsstellen und Behörden: das Bau- und Umweltamt, die Direktion für Energie, die Fachstelle Gewässer und die Fischereiverwaltung.

Dazu gehört weiter: eine Schadenersatz- und Strafanzeige beim Gericht, weil eine unbeabsichtigte künstliche Flutwelle des Kraftwerkes am Oberlauf des Flusses fast die ganze Fischbrut zerstörte, welche von vielen Fischern in tausenden von Stunden unbezahlter Arbeit aufgezogen wurde. Und: Das Kraftwerk Mittellauf verhängt einen gerichtlichen Beschluss gegen Mitglieder des Fischervereins für das gesamte Kraftwerkareal am Fluss: Betreten verboten!

---

[89] Vgl. Christoph Thomann, Klärungshilfe: Konflikte im Beruf, Rowohlt Taschenbuch Verlag, Reinbek bei Hamburg, Neuauflage 2004

[90] Definition »Konflikte im öffentlichen Bereich«: Konflikte, in denen mindestens eine der zentralen Parteien dem öffentlichen Sektor zuzurechnen ist (im Gegensatz zum privatwirtschaftlichen Sektor). Dies ist meist mit einer höheren Dichte an (öffentlich-rechtlichen) Verfahrensvorschriften und einer anderen Konfliktdynamik verbunden.

Darüber hinaus: Die Kraftwerke beschuldigen die Behörden, sie würden tatenlos zusehen, wie die Fischer die Kraftwerke bekämpfen. Die Fischer kritisieren die Behörden ebenfalls, dass sie die Kraftwerke für Ihre Missetaten nicht zur Rechenschaft ziehen.

In der Presse werden solche Scharmützel öffentlich ausgetragen. Aber: Die Kraftwerke haben einen offiziellen Leistungsauftrag. Die Fischervereine haben das ganze Gewässer gepachtet. Die direkte Kommunikation zwischen den Fischern und den Kraftwerkbetreibern ist nicht mehr möglich.

Anfrage

Die Anfrage des Landesenergiedirektors an uns lautet: »Können Sie das wieder in Gang bringen? Können Sie die zerstrittenen Menschen und Institutionen an einen Runden Tisch bringen und ihre Konflikte ausräumen – trotz ihrer widersprüchlichen Interessen? Können Sie die Leute dazu bringen wieder miteinander zu reden, statt zur Zeitung zu rennen oder vor Gericht zu klagen?«

Auftragsklärung mit den Initianten, den Behörden

Die gemeinsame Auftragsklärung mit den vier involvierten Amtsstellen zeigt, dass sie nicht die Hauptbeteiligten im Konflikt sind. Sie geraten aber immer wieder in die Schusslinie besonders zwischen den Fischern und Kraftwerkbetreibern. Die Behörden können und wollen sich nicht aufbürden, die zusammengebrochene direkte Kommunikation zwischen den beiden Parteien zu übernehmen.

Der Leiter des Bauamtes: »Da sind eben die unterschiedlichsten Nutzungsansprüche der Menschen an den Talfluss. Er dient den Fischern als Fanggrund und den Anwohner/innen als Naherholungs- und Freizeitraum. Zudem hat seine Wasserkraft seit Jahrhunderten eine große Bedeutung als Brauchwasser für Industrie, Gewerbe und Landwirtschaft sowie für die künstliche Grundwasseranreicherung für das Trinkwasser. Da kommt es zu Nutzungskonflikten. Vor drei Jahren führte ein Hochwasser zu einem Fischsterben. Da hätten wir auch die Verantwortung tragen sollen. Dann läuft eine Strafanzeige gegen ein Kraftwerk wegen einer zu geringen Restwassermenge, die ein Fischsterben auslöste. Die Fischtreppen (als Bypass um die Kraftwerke herum) sollen angeblich auch nicht so funktionieren, dass sich die Fische über den gesamten Talfluss genetisch durchmischen können.«

Der Fachstellenleiter Gewässer ergänzt: »Aus unserer Sicht ist das Gesprächsklima in letzter Zeit sehr negativ. Diskussionen in den Medien oder mit Strafverfolgungsbehörden können oft nicht sachlich geführt werden und es kommt nicht zu guten Lösungen. Für uns ist das Abfedern dieser Konflikte ein zu hoher Aufwand und es ist sowieso nicht unsere Kernaufgabe.«

Der Energiedirektor: »Wir möchten die Diskussion wieder versachlichen und die Streithähne zur Zusammenarbeit bewegen. Kleinere Probleme des Kraftwerkbetriebs sollen wieder direkt zwischen den Beteiligten gelöst werden können. Wir wollen da nicht immer Schiedsrichter spielen und in Alltagsproblemen autoritäre Entscheidungen fällen müssen.«

Da hakt der Bauamtsleiter ein: »Daher denken wir an einen Runden Tisch zur Förderung des Dialogs zwischen Fischervereinen, Kraftwerkbetreibern und weiteren Akteuren. Aber bitte ein Verfahren der eigenverantwortlichen Konfliktlösung! Die Leute von der Basis, die Fischer und die Kraftwerkswärter sollen wieder miteinander reden können und sich gegenseitig respektieren.«

Wir sind etwas erschlagen von der Vielzahl an Themen, Beteiligten und deren komplexen Verstrickungen. Die ambitionierten Ziele der Behörden können wir aber gut nachvollziehen. Glücklicherweise kennen wir diesen Moment aus anderen Konfliktlösungsverfahren im öffentlichen Bereich. Wir sollen ein Konzept und ein Angebot einreichen, damit die Ämter eine Kostenbewilligung erwirken können. Die Frage ist nun: Wie vorgehen?

Methodische Überlegungen und Zweifel

Wir freuen uns zwar über die Anfrage, aber fragen uns auch: *Ist eine solche über Jahrzehnte verfahrene Situation mit einer Vielzahl von völlig unterschiedlichen Beteiligten überhaupt bearbeitbar und entwirrbar? Wollen wir wirklich Klärungshilfe oder doch lieber unser bewährtes Vorgehen der Mediation im öffentlichen Bereich anwenden?*

Wir fragen uns, ob Klärungshilfe die geeignete Methode ist,

- wenn sich viele der am Konflikt Beteiligten gar nicht kennen;
- wenn mehrere Konfliktbeteiligte teilweise gar nicht mehr in dieser Organisation tätig sind;
- wenn involvierte Personen eben »nur« als Stellvertreter/innen ihrer Institution deren Interessen nach Vorgabe wahrnehmen. Sie sind wahrscheinlich emotional wenig involviert und es könnte schwierig werden, die Konflikte sichtbar und lösbar zu machen.

Schlechte Voraussetzungen für eine erfolgreiche Klärungshilfe? Allerdings haben insbesondere die Fischer:

- über lange Zeit immer wieder schwierige Situationen erlebt und
- entsprechende Emotionen: Wut, Machtlosigkeit und Rachegefühle.

Genau dafür wäre die Klärungshilfe prädestiniert. Wenn wir hingegen mit zukunfts- und lösungsorientierten Mediationsmethoden arbeiten würden, könnten die alten, ungelösten Geschichten den Erfolg beeinträchtigen. Die Dichte an Verstrickungen, Misstrauen, Abwertungen, Verletzungen und Bloßstellungen ist für dieses Verfahren einfach zu groß. Wie sieht also ein sinnvolles Vorgehensdesign aus, das dieser verworrenen Situation gerecht wird?

Die Klärungshilfe hatten wir in einer Weiterbildung[91] kennengelernt und mehrfach bei innerbetrieblichen Konflikten angewendet, aber noch nie im öffentlichen Bereich. Etwas angestachelt durch die Grenzen, die sich die Klärungshilfe selber setzt, beschließen wir es zu versuchen: eine Synthese aus Klärungshilfe und Mediation im öffentlichen Bereich.

Von der Mediation im öffentlichen Bereich nehmen wir:

1. Das Grundgerüst des Vorgehens (Grobdesign):
- ausführliche, strukturierte Vorgespräche mit den beteiligten Interessengruppen,

---

[91]   Weiterbildung »Klärungshilfe für Mediatoren« mit Adrian Kunzmann und Christoph Thomann

- zwei bis vier Plenumssitzungen mit den Vertreter/innen der beteiligten Gruppen
- Abschlussevaluation im Plenum.

2. Die Strukturierung der Konflikte in Vergangenheits- und Zukunftsthemen sowie die Art der Lösungsfindung.

Von der Klärungshilfe setzen wir ein:
1. Die Phase der Selbstklärung, in der alle Skandale, Belastungen und Vorwürfe erfasst und priorisiert werden.
2. Die Phase Dialog der Wahrheiten, in der mit der Methode des Doppelns die beteiligten Vertreter/innen wieder miteinander in Kontakt gebracht werden.
3. Und ganz grundsätzlich: die schwierigen Gefühle beachten und transformieren. Die ihnen innewohnende Kraft für die Lösung der Konflikte nutzen.

Außerdem setzen wir ein Ritual ein, in dem Karten mit den bereits geklärten Schwierigkeiten verbrannt werden. Dies hat zum Ziel, das Loslassen der geklärten Konfliktpunkte zu unterstützen. Wir nennen das »Transform the Killers«.

Wir stehen also mit diesem neuen Konzept einer »öffentlichen Klärunghilfe« am Anfang einer Reise durch unbekannte Gewässer. Wir fühlen uns wie Pioniere, die neugierig und abenteuerlustig aufbrechen, um unbekannte Routen zu erkunden.

Wer soll beim Runden Tisch mitwirken?

Eine Konfliktbereinigung gelingt umso besser, je mehr der beteiligten Gruppen aktiv mitmachen, sich für die Verfahrensgestaltung und damit für das Endresultat verantwortlich fühlen. Wo ist nun das Optimum auf dem schmalen Grat zwischen der Notwendigkeit, einerseits alle Beteiligten einzubeziehen und andererseits eine arbeitsfähige Gruppengröße zu erreichen, welche die Hauptkonflikte lösen und entscheiden kann?

Wir entschließen uns folgende Gruppierungen von Anfang an einzubeziehen:

- Kraftwerkbetreiber (fünf Energiekonzerne, die acht Kraftwerke am Talfluss betreiben),

- Fischerei (vier Fischereivereine der geografisch unterteilten Reviere am Talfluss, ein Bundes-Fischereiverband),

- involvierte Behörden (das Bau- und Umweltamt, Direktion für Energie, die Fachstellen für Oberflächengewässer und Trinkwasserversorgung, die Abteilung Fischerei).

Folgende weniger direkt involvierte Betroffene beziehen wir erst bei Bedarf mit ein: Gemeindebehörden, Abwassereinleiter, Umweltschutzverbände, Abwasserreinigungsanlagen.

Wer genau ist Auftraggeber?

Obwohl wir den Auftrag und die Kostenzusage vom Bau- und Umweltamt erhalten, betrachten wir alle Beteiligten, also auch die Fischer und die Kraftwerkbetreiber, als Auftraggeber. Wir sprechen sie daher konsequent in dieser Rolle an. Diese Definition hilft allen Konfliktbeteiligten, sich aus der Rolle des Opfers heraus und hin zu verantwortlichen und kreativen Gestaltern der Zukunft zu bewegen. Diese Auftraggeberrolle ist unabhängig von der Finanzierung. Wir versuchen zwar alle nach ihren Möglichkeiten an den Kosten zu beteiligen, aber wer nichts bezahlen kann, ist trotzdem Auftraggeber. Am Talfluss ergibt sich die besondere Situation, dass die Behörde die gesamten Kosten übernimmt, Fischer und Kraftwerkbetreiber sind dankbar.

Wir als Auftragnehmer fordern nun von allen beteiligten Parteien, dass sie uns den Auftrag erteilen,

- sie zu unterstützen, die anstehenden Konflikte zu klären und
- wenn möglich gangbare Lösungen für die Zukunft zu vereinbaren, die die Interessen aller Beteiligten bestmöglich berücksichtigen.

Regeln der Zusammenarbeit

Wir binden alle Parteien in die Planung des Verfahrens und in die Regeln der Zusammenarbeit ein. Sie betreffen die Vertraulichkeit, den Umgang mit der Presse, die Kontinuität der personellen Vertretung, Regeln zum Abbruch, Pflicht zur Bereitstellung von relevanten Informationen und die Rollen der Beteiligten. Ziel ist es, ein stabiles Fundament für die Konfliktklärung zu schaffen.

Wer soll an den Vorgesprächen teilnehmen? Wie wird eingeladen?

Die beteiligten Gruppen sind meist unsicher, welche ihrer Mitglieder an einem Vorgespräch teilnehmen sollen. Das Grundproblem ist: Die Gruppe weiß noch nicht, wie das Verfahren abläuft und welche Personen sie im Plenum am besten vertreten können. Wir entschärfen diese Situation, indem wir die Gruppen dazu motivieren, möglichst viele ihrer Entscheidungsträger und Mitglieder zum Vorgespräch einzuladen. Dies ist eine gute Gelegenheit, dass viele uns kennenlernen und Vertrauen aufbauen können.

Vertreter dürfen nicht zu »programmierten Verrätern« werden

Es ist notwendig, dass die Vertreter der Gruppen sich zwischen den Klärungssitzungen regelmäßig mit ihrer Basis verständigen, insbesondere, wenn heikle Entscheidungen zu fällen sind. Sonst besteht die Gefahr, dass die eigenen Abgesandten sich den Gegnern annähern und dann von der eigenen Gruppe »abgeschossen« werden, da sie nicht mehr genau ihre Positionen vertreten und es zu einer Dynamik des »programmierten Verräters« führen kann (Königswieser /Exner, 2000).[92]

Um der gesamten Gruppe ein Annähern an die Sichtweise der anderen Konfliktbeteiligten zu ermöglichen, wird mit den Vertretern im Vorgespräch die sogenannte Rückbindung zur Basis besprochen und festgelegt: im Idealfall nach jeder Plenumssitzung anhand des Protokolls.

Vorgespräche mit Fischern und Kraftwerkbetreibern

Wir treffen die Fischer in ihrem Vereinslokal nahe am Talfluss. Zwölf Personen sind anwesend. Es gibt offene Gesichter, aber auch misstrauische: »Die Behörden möchten jetzt wohl die Friedenspfeife rauchen. Für solche Gespräche haben sie jetzt plötzlich Geld. Die alten Kämpfe mit den Kraftwerken, ihre Anklagen wegen angeblichem Hausfriedensbruch, die ewigen Wasserschwankungen, Verbauungen ohne Absprache und illegales Abholzen

---

[92] Roswita Königswieser/Exner, Alexander: Systemische Interventionen, Klett-Cotta, Stuttgart 2000

149

**Chronologischer Überblick über die
Konfliktklärung am Talfluss**

12. September:	Anfrage der Landesbehörde
26. September:	Detaillierte Auftragsklärung mit vier Behördenvertretern
04. November:	Vorgespräche mit vier Fischer- vereinen und Bundesverband
18. November:	Vorgespräch mit fünf Kraftwerkbetrei bern
16. Dezember:	Plenum I mit den Vertretern aller drei Gruppen (Fischer, Kraftwerke, Behörden)
Dezember/Januar:	Rückbindung der Gruppen mit ihrer Basis
23. März:	Plenum II mit allen Vertretern, Einigung und Abschluss

von Uferbäumen – haben die vergessen, dass wir die legalen Gewässerpächter sind? Kurz gesagt: Die Kraftwerker machen einfach was sie wollen! Wir brauchen endlich Respekt für unser Know-how und Anerkennung für unsere immensen unbezahlten Arbeiten.«

Sie führen uns durch die Brutanlage im Keller. Der Schutz der Fische sei nicht gewährleistet, das verursache enorme Schäden an der geleisteten Aufzuchtarbeit. Versprechen würden nicht ein- gehalten und am liebsten würde man die Kraftwerke stilllegen lassen, wenn dies so weitergeht. Die Stimmung ist nicht gerade optimistisch. Einige Fischer versuchen für Harmonie und Aus- gleich zu sorgen – Dialog statt Konfrontation. Andere umgekehrt: »Wir müssen die Kraftwerker deutlicher mit den Missständen konfrontieren.«

Kulissenwechsel: Moderner Sitzungsraum in einem der Kraftwerke am Talfluss. Das Vorgespräch mit den fünf Kraftwerkbetreibern der insgesamt acht Kraftwerke. Jede Firma hat einen Vertreter delegiert. Es handelt sich teilweise um größere Konzerne; Sitz und Arbeitsort einiger Anwesender liegen weit vom Talfluss entfernt. Der Beginn der Gespräche erweckt in uns den Eindruck einer festgefahrenen Situation. Die Geduld der Kraftwerkbetreiber scheint arg strapaziert und man überlegt sich auch rechtliche Schritte einzuleiten. »Die Fischer sehen sich als die einzig wahren Nutzer der Gewässer. Ein Verständnis für unsere alten Konzessionsrechte ist nicht vorhanden. Natürlich gab und gibt es Zwischenfälle, deren Folgen man aber mit einer schnellen Kommunikation vermindern könnte. Wir kamen ihnen mit dem Bau einer speziellen Fischtreppe sehr entgegen. Sie hingegen sind immer gegen uns. Wegen ihrer dauernden Anzeigen geben wir seit einiger Zeit keine Information mehr.« »Sie müssen nun endlich unseren gesetzlichen Auftrag akzeptieren – der ist in Stein gemeißelt. Gewisse Scharfmacher bei den Fischern sind für uns als Delegierte im Plenum nicht akzeptabel. Wir haben nicht nur die Anliegen der Fischervereine zu erfüllen, sondern müssen wirtschaftliche, technische und öffentliche Interessen wahren. Was wollen die Fischervereine eigentlich genau, außer, dass sie uns am liebsten alle abstellen würden? Das gegenseitige Existenzrecht muss doch respektiert werden.«

Wir hören aufmerksam zu und merken, dass da starke Gefühle mitspielen, wenn diese Menschen – aus ihren Rollen heraus – sprechen. Sie sind verärgert, sie fühlen sich belästigt und bedroht.

Nach diesen Vorgesprächen wissen wir, wo und welche Gefühle im Spiel sind, an welchen Punkten sie sich immer wieder entzünden und wir kennen einige der inhaltlichen Konfliktthemen. Wir sind einerseits überzeugt, dass die Klärungshilfe nützlich sein kann, und andererseits unsicher, ob dies mit den Vertretern funktionieren kann, die teilweise weit weg vom Konflikt arbeiten und leben.

Wir planen das erste Plenum vor allem zum Abbau der Barrieren und der negativen Gefühle.

Erste Plenumssitzung mit allen Vertretern

Nun ist es so weit: Freitag um 13 Uhr treffen wir im Saal des Hotels Löwen ein. Wir sind trotz intensiver Vorbereitung gespannt und aufgeregt: Was werden die 15 Männer mit ihrem Zündstoff jetzt zusammen im Plenum tun? Sind wir in der Lage dies zu halten? Funktioniert das mit unserem Methodenmix?

Pünktlich um 15 Uhr sind alle da:

- vier Fischereivereine aus den verschiedenen Abschnitten des Talflusses mit sechs Abgesandten
- der übergeordnete Landes-Fischereiverband delegiert zwei Vertreter die fünf Kraftwerksgesellschaften mit je einem Vertreter
- die Behörde ist mit zwei Personen da: der Amtsleiter Bau- und Umwelt und der Fachstellenleiter Gewässer

Die formulierten Ziele der ersten Plenumsbesprechung sind:

1. gegenseitiges Kennenlernen und Verstehen der Sichtweisen
2. Konfliktpunkte der Vergangenheit ansprechen und möglichst bereinigen
3. Zukunftsthemen miteinander festlegen

Es wird still, der Amtsleiter begrüßt und eröffnet den Runden Tisch. Er fasst die Geschichte des Auftrages zusammen, welche mit seiner Anfrage begonnen hat und nun zur heutigen ersten Plenumssitzung führte. Da und dort im Kreis ist ein Raunen oder leichtes Kopfschütteln wahrzunehmen und unversehens übergibt er uns das Zepter – jetzt sind wir dran!

Wir knüpfen im Hinblick auf die Rollen, Regeln der Zusammenarbeit und Bedingungen bei den Vorgesprächen an und arbeiten in der Anfangsphase nach dem Vorgehen der Klärungshilfe mit einer Einstiegsrunde: »Wer sind Sie, mit welchen gemischten Gefühlen sitzen Sie hier und welche Bedingungen und Hindernisse haben Sie, um hier konstruktiv mitzuarbeiten?«

Erste Stichworte wie Vertrauensmissbrauch und Existenzrecht werden bereits hier eingebracht. Der Druck, den über Jahre angestauten Ärger endlich loszuwerden, wird für uns spürbar. Wir sind froh, eine bewährte Struktur zu haben, auf die wir uns verlassen können.

In der folgenden Selbstklärungsphase malen die Beteiligten in fünf Gruppen je ein Bild, das ihre Sichtweise zeigt. Die Bilder zeigen Fallgruben, einen Goldesel, Blitz und Donner, durchschnittene Telefonleitungen und vieles mehr. Ein Fischer erläutert: »Unsere riesige Arbeit zur Fischaufzucht und Pflege des Gewässers wird überhaupt nicht wahrgenommen und schon gar nicht geschätzt, sondern sogar gedankenlos behindert. Bäume am Flussufer dienen der Brut als überlebenswichtige Beschattung. Ohne Rücksprache werden sie gefällt und abtransportiert. Nicht mal im Wasser liegen gelassen, was ja viel billiger wäre und den Fischen als Biotop dienen könnte.« Die Verbitterung und das Gefühl, in ihrer jahrzehntelangen Aufbauarbeit nicht gesehen zu werden, wird spürbar.

Ein Kraftwerkvertreter entgegnet: »Die Fischer benehmen sich so, als gehörte das Gewässer ihnen und als seien sie die einzigen legitimen Nutzer. Dabei werden unsere viele Jahrzehnte älteren Nutzungsrechte völlig ausgeblendet und wir als Unmenschen dargestellt. Sie realisieren nicht, dass wir verpflichtet sind, die Sicherheit der Energieversorgung gegenüber unseren Kunden zu gewährleisten. Wenn es dann einmal zu einem Störfall kommt, werden wir als Geldesel missbraucht, um alle ihre finanziellen Löcher zu stopfen.«

Zwischen diesen Fronten bewegt sich die Landesbehörde auf frostigem und teilweise eisglattem Terrain: »Als Aufsichtsstelle haben wir die Verpflichtung, gesetzliche Normen durchzusetzen, unabhängig davon, wem sie gerade dienen oder zuwider sind. Wir wollen nicht dauernd als Schlichtungsstelle zwischen den verhärteten Fronten stehen und von der jeweils anderen Seite unser Fett abbekommen. Auch wollen wir keine Briefträger sein, die beim Überbringen von schlechten Nachrichten gleich noch für den Inhalt verantwortlich gemacht werden.

Vorbereitung des Dialogs

Wir realisieren, dass sich über die Jahre viele schwierige Ereignisse angehäuft haben und darüber bisher keine Kommunikation möglich war. Das älteste Ereignis hat sich vor 16 Jahren zugetragen, besitzt aber immer noch »die Feuerkraft der negativen Emotionen«. Wir befürchten, dass aufgrund der Vielzahl an Ereignissen und Beteiligten ein direkter Einstieg in den Dialog der Wahrheiten zu komplex wird. Deshalb arbeiten wir hier mit der speziellen Reduktionsmethode »Transform the Killers« in Kombination mit Klärungshilfe.

Die drei Gruppen benennen die wichtigsten Ereignisse der letzten Jahre – also die »Highlights« und »Lowlights«. Sie notieren ein Stichwort versehen mit einem ungefähren Datum auf »Ärger-Karten« und das Erfreuliche auf »Highlight-Karten«. Diese sollen dann in eine Rangordnung gebracht werden: Die Karten mit den schwierigsten Ereignissen zuerst, gefolgt von den weniger starken und den schwächeren.

Die Behörden, Fischer und Kraftwerker arbeiten an drei Tischen in den Ecken des Raumes. Sie diskutieren, in welche Ordnung die Ärger-Karten gebracht werden sollen.

»Schwach« bedeutet: Dieses Ereignis muss ich im Rahmen der Mediation und auch später nicht mehr ansprechen. Es war so, wie es war – für uns unerfreulich. Wir sind bereit diesen Aspekt auf sich beruhen zu lassen, falls nötig zu verzeihen und werden dieses Thema und die damit verbundenen schwierigen Gefühle auch später nicht mehr aufnehmen. Die Teilnehmer der Gruppe knüllen diese ausgeschiedenen Karten zusammen und es entsteht auf jedem der drei Gruppentische ein kleiner Papierkugelhaufen.

Anschließend fordern wir die drei Gruppen auf, die Karten mit den übrigen Highlights oben und den Lowlights unten an einer Stellwand aufzuhängen – und zwar in zeitlicher Reihenfolge. Jede Gruppe verbindet anschließend all ihre Karten mit einer Linie. So entstehen drei Fieberkurven von Ereignissen mit den dazugehörigen Befindlichkeiten auf einem Zeitstrahl.

Die Parteien präsentieren abwechselnd in chronologischer Reihenfolge. Alle fünfzehn Teilnehmer stehen gespannt, einige mit Kopfschütteln, vor dem Plakat. In den letzten Minuten ist ein Gesamtbild der Ereignisse mit den jeweiligen Gefühlslagen der drei Gruppen entstanden.

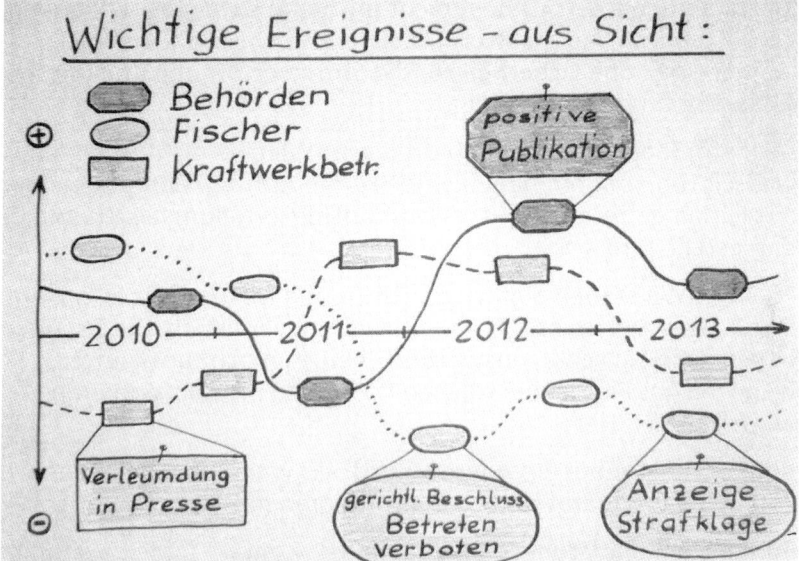

Die Fieberkurven zur Befindlichkeit der drei Parteien

Herzstück der Klärung: Der Dialog mit Doppeln

Wir bitten die Beteiligten nun, jeweils einige Sätze zu den Karten zu sagen und auch die Auswirkungen der Ereignisse zu erläutern. Wir achten bei den Highlights darauf, dass die positiven Botschaften bei der anderen Seite ankommen. Bei den Karten zu den Schwierigkeiten ermöglichen wir jeweils den Angeschuldigten eine kurze Stellungnahme. Die von den Schwierigkeiten und Emotionen betroffenen Menschen treten von selbst in den Vordergrund und wehren sich mit heftigen Gegendarstellungen. Dadurch entwickelt sich auf ganz natürliche Weise ein Streitdialog zwischen den stehenden Personen.

Es beginnt die Klärung der explosivsten Punkte:

Mediator (doppelt die Fischer): »Wir als Fischer machen Ihnen als Kraftwerkbetreiber den Vorwurf, dass Sie uns und unsere Fischzucht gar nicht ernst nehmen. Wir fühlen uns übergangen und in unserer Arbeit lächerlich gemacht!

Kraftwerkbetreiber: »Das ist nicht unsere Absicht, aber wir haben auch einen Auftrag als Stromproduzenten. Unsere Abnehmer verlangen eine hohe Sicherheit für die Stromversorgung und unsere Aktionäre finanziellen Erfolg.«

Mediator (doppelt Kraftwerbetreiber): »Wir sind nicht frei darin, was wir tun, sondern haben einen klaren Auftrag. Wir fühlen uns mit Füßen getreten, wenn unsere Auftragserfüllung als Krieg dargestellt wird.«

Fischer: »Wir stehen einfach machtlos und frustriert da, wenn Ihr einziges Ziel ist, möglichst viel Geld zu verdienen. Die Fische haben auch ein schützenswertes Leben. Es macht uns wütend, wenn Sie uns Fischer bei solchen Rodungen nicht informieren, wie im letzten Herbst.«

Kraftwerkbetreiber (erwidern sofort): »Es war schon lange angekündigt, das Bauamt hätte Sie informieren müssen.«

Solche kleinen Klärungsdialoge schaffen Kontakt und Beziehung. Unser Doppeln der Gefühle bringt Klarheit in den Emotionen und der Sache.

Wir beobachten, dass das Klären im Stehen Vorteile gegenüber der Arbeit im Sitzen hat. Sie verläuft in einem organischen und natürlichen Flow und es sind weniger erklärende Anweisungen nötig. Die Personen der verschiedenen Gruppen stehen jeweils in einer »Traube« zusammen. Bei jedem Thema positionieren sich die Menschen nach Betroffenheit. Wie von selbst ergibt sich eine Visualisierung im Raum: Die »Hauptstreithähne« stehen vorne – die weniger Beteiligten weiter hinten.

Pausen bewirken zusätzliche Verständigung

Nach 90 Minuten mit diesen Kurzklärungen ist die Kraft der meisten erschöpft und wir machen eine Pause. Damit Raum für weitere Verständigung entsteht, unterlassen wir bewusst den sonst üblichen Hinweis, dass in den Pausen nicht über die Themen gesprochen werden soll. Die Beteiligten diskutieren also intensiv in gemischten Untergruppen weiter. Nach unserer Beobachtung dient das dem gesamten Vermittlungsprozess. Bei so vielen

Streitpunkten sind spontane Pausenklärungen ein weiteres hilf-reiches Mittel, um die Vielzahl an Themen zu bewältigen.

Fortsetzung der Klärung in Dialogen

Nach der Pause setzen wir den Klärungsprozess im Stehen fort. Wir beobachten, dass sich die Atmosphäre bereits etwas ent-spannt hat und die Verbissenheit gewichen ist. In der nächsten Stunde können wir in einem flüssigen Ablauf drei weitere The-men klären.

Während der Arbeit mit den Emotionen stellen sich uns zwei Kernfragen: Wo sind bei Konflikten zwischen Gruppen oder Organisationen die negativen Emotionen wirksam? Sind sie dort auch bearbeitbar? Unsere Erkenntnis ist folgende: Auch Gruppen haben Emotionen. In der Umgangssprache wird von einem guten Teamgeist oder einer schlechten Atmosphäre in einer Abteilung gesprochen. Unsere Erfahrung ist, dass es bei Konflikten zwischen Gruppen wirksamer ist, in erster Linie an den Gruppenemotionen zu arbeiten und erst in zweiter an den individuellen Gefühlen von Personen. Wenn wir als Klärungshelfer den Eindruck haben, dass eine Person Vorwürfe, Aggressionen oder innere Not für die ganze Gruppe ausspricht, beginnt unser Doppeln mit: »Wir als Fischer fühlen uns absolut übergangen ...« An der Reaktion der Gruppe ist meist gut zu erkennen, ob die Aussage zutrifft. Aus der Gruppe ist dann ein »Ja, genau und außerdem...« zu hören. Oft tritt eine andere Person aus der »Traube« in den Vordergrund – physisch, aber auch von der Sache her. Wir führen dann die Klärung mit dieser Person weiter. Die gruppenzentrierte Arbeit wechselt sich mit personenzentrierter ab.

Zwischenbilanz

Nach dieser zweieinhalbstündigen Klärungsphase bitten wir die drei Gruppen zu entscheiden, welche der Ärger-Karten für sie jetzt erledigt sind: »Welche können Sie zusammenknüllen und müssen Sie später nicht mehr aufgreifen? Welche Themen sind noch wichtig und müssen vertiefter bearbeitet werden?« Die Gruppen diskutieren, nehmen Karten ab, beschließen »General-amnestien« für ganze Zeitabschnitte. Zu unserem Erstaunen bleiben nur noch wenige Karten übrig. Zwei davon klären wir sofort – jetzt im Sitzen, da die Stehzeit auch physische Grenzen hat. Ein Thema bleibt als Rest für die zweite Plenumssitzung übrig.

Symbolischer Abschluss – Transformation durch Feuer

Das war eine harte und erfolgreiche Arbeit! Auf den Tischen sind die Haufen mit den zusammengeknüllten Karten angewachsen. Wir fragen sie: »Sind für Sie wirklich alle diese schwierigen Vorfälle auf den Karten erledigt und sind Sie bereit – auch in internen Diskussionen – nicht mehr darauf zurückzukommen? Soll wirklich die Veränderung vom ›Ärger zum schwierigen Anlass, der uns zusammen weitergebracht hat‹ symbolisch mit dem Verbrennen der Karten im Feuer abgeschlossen werden?«

Die Antwort ist einstimmig: Ja. Die ganze Gruppe begibt sich nach draußen. Unter Witzeln und Gelächter zünden mehrere Beteiligte den Papierhaufen an, dann wird es still. Die meisten schauen gedankenversunken in die Flammen, als ob sie sich von den vielen Schwierigkeiten verabschieden würden.

Die erledigten Karten gehen in Flammen auf

Alle, auch wir Klärungshelfer, sind von den letzten fünf Stunden erschöpft. Trotzdem werden noch drei Sofortmaßnahmen vereinbart:

1. Rasche gegenseitige Information bei Problemen
2. Austausch der aktuellen Notfall-Telefonnummern Kraftwerke – Fischer
3. Einladung zur gegenseitigen Besichtigung der Anlagen

Wir schließen die Besprechung mit dem Ausblick auf die zweite Plenumssitzung und einer Schlussrunde ab.

Müde, zufrieden und überrascht, was mit unserem neuen Konzept möglich war, machen wir uns auf den Heimweg.

Wir erstellen ein ausführliches Protokoll, auch mit den Bildern der Fieberkurven und Fotos vom Feuerritual und versenden es allen Stellvertretern, damit sie ihre Basis einbeziehen können.

Was zwischen den Sitzungen passiert

- Die Fischervereine schicken uns eine Uni-Studie, die nachweist, dass die Fische vom Flussoberlauf von denen im Mündungsbereich genetisch völlig isoliert sind. Erfüllen die Fischtreppen ihre Funktion gar nicht?

- Ein positiver Pressebericht über den Runden Tisch: »Mit den Fischen soll es aufwärtsgehen.«

- Eine Hiobsbotschaft von einem Fischer per Mail an uns alle: »Schon wieder wurden Bäume gefällt, ohne dass die Fischervereine genügend darüber informiert wurden!«

- Mitteilung von Fischern an uns: »Wenn es zu unserer laufenden Strafanzeige keine Einigung in der außergerichtlichen Schadenersatzverhandlung gibt, verweigern wir die weitere Teilnahme am Runden Tisch.« Wir entwickeln mit ihnen ein Vorgehen.

Am Tag vor der Plenumssitzung erfahren wir, dass sie sich jetzt einigen konnten. Keine einfache Ausgangslage – aber immerhin sind die Informationen, auch die zu den schwierigen Ereignissen jeweils an alle Beteiligten gegangen.

Zweite Plenumssitzung – wieder mit allen Vertretern

Seit dem ersten Plenum sind drei Monate vergangen. Wir treffen uns im Saal eines anderen Restaurants mit dem (hoffentlich) passenden Namen Engel. Die Stimmung ist erstaunlich locker. Die Männer begrüßen sich offener. Der Einstieg erfolgt mit der Vorstellung des Fischereiverwalters, der auf Wunsch der Parteien zusätzlich am Plenum teilnimmt.

Umgang mit Ereignissen der Zwischenzeit und Lösungsfindung

Die Ereignisse der Zwischenzeit haben wir auf einem Flipchart visualisiert, um alle Beteiligten zu Beginn der Besprechung auf denselben Informationsstand zu bringen. Trotz der Vorfälle wollen sich alle weiter engagieren und zusammen im Gespräch bleiben.

Wir fragen: »Wie gut konnten die im ersten Plenum beschlossenen Sofortmaßnahmen eingehalten werden?«

Und erfahren: »Wir Kraftwerkbetreiber haben die Einladung der Fischer zur Besichtigung ihrer Brut- und Aufzuchtanlagen sehr geschätzt. Wir haben einen detaillierten Einblick in die aufwendige Arbeit der Fischer erhalten. Und nun haben wir einen Termin zur Besichtigung unseres Kraftwerks vereinbart. Dann wollen wir den Fischern zeigen, welche Schwierigkeiten es beim Öffnen der Wehre geben kann.«

Alle Beteiligten stellen fest, dass sie die vereinbarten Maßnahmen fast vollständig umgesetzt haben. Sie sind hilfreich und sollen weiterverfolgt werden.

Wir fragen: »Welche wichtigen Inhalte müssen heute erledigt werden? Gibt es weitere problematische Themen, die ein drittes Plenum nötig machen würden? Wollen Sie nach diesem Treffen direkt miteinander sprechen oder braucht es uns noch?«

Nach dem üblichen Vorgehen der Mediation – Ideen generieren und konsensorientiert verhandeln – einigen sich alle Beteiligten erstaunlich schnell. Wir halten die Vereinbarungen, Maßnahmen und deren terminliche Umsetzung fest. Wir sind zufrieden, dass alle beteiligten Gruppen eine aktive Rolle spielen und Verantwortung übernehmen.

Bereits mit dem zweiten Plenum können wir den Runden Tisch zur Zufriedenheit aller abschließen.

Nachbetrachtung durch die Auftraggeber

Die Landesbehörde beurteilt den Runden Tisch im Nachgang als gelungen. Ihr Rechtsdienst verfasst dazu einen Artikel.

Eine kurze Post-Evaluationsbesprechung findet sechs Monate nach Abschluss des Verfahrens statt mit dem Ergebnis, dass alle wieder direkt miteinander kommunizieren und kein weiteres Plenum mehr notwendig ist. Wir freuen uns über diesen Erfolg.

Fazit aus dem Fall Talfluss

Wir haben diesen Konflikt vor allem mit Klärungshilfe bearbeitet und eine Synthese mit den Methoden der Mediation im öffentlichen Bereich gebildet.

Unsere Erfahrung ist: Dieser Methodenmix ist schneller, tiefgreifender und nachhaltiger als die üblichen Mediationsmethoden. Wir haben uns gefragt, wieso dies so effizient ist und sind zu folgenden Antworten gekommen:

- Die Klärungshilfe stellt die Bearbeitung schwieriger Emotionen im Konflikt dezidierter ins Zentrum als viele verhandlungs- und lösungsorientierte Mediationsmethoden. Es ist auch mit Klärungshilfe möglich, Konflikte mit Stellvertreter/innen von Gruppen zu lösen.

- Einer Vielzahl von Sachkonflikten liegen ähnliche Verletzungs- und Verstrickungsmuster zugrunde. Indem wir modellhaft mit den »dicksten« Konflikten zuerst arbeiten, lösen sich gleichzeitig weitere mit anderen Beteiligten auf. So kann eine hohe Anzahl von Konflikten mit der Klärungshilfe effizient bearbeitet werden.

- Zwischen den persönlichen und den Gruppenemotionen existiert ein subtiles Netz an Interaktionen. Es scheint so dicht gewoben zu sein, dass auch mit Vertreter/innen von großen Organisationen Emotionen, die andere Mitglieder der Organisation hatten, tatsächlich im Klärungsdialog bearbeitet werden können.

- Wir behalten die beiden Ebenen der individuellen und der Gruppengefühle im Auge und arbeiten dort weiter, wo am meisten Energie für die Fortsetzung des Dialogs vorhanden ist. Die Klärung im Stehen zeigt dies bildhaft und hat daher besonders bei großen Gruppen den Vorteil dynamischer zu sein als im Sitzen.

161

- Das direkt vor der Dialogphase eingeschobene Reduktionsverfahren »Transform the Killers« ermöglicht, eine hohe Anzahl von Konflikten zu bearbeiten. Die bewusste Entscheidung, Vorwürfe »zusammenzuknüllen« und sie ruhen zu lassen, bedeutet auch eine Einstellungsveränderung vom »Opfer des Konflikts« hin zum »Gestalter der Konfliktklärung«. Das gelingt mit Hilfe von Karten besser als nur mündlich. Es geht nicht darum, dass am Schluss alle Ärger-Karten zusammengeknüllt sind. Was noch nicht erledigt ist, bleibt als Konfliktthema stehen – keine Pseudoverzeihungen.

- Die elementare Transformationskraft des Feuers hilft auch der Seele mitzukommen, um mit den aussortierten oder geklärten Konflikten und Verletzungen ganz abschließen zu können.

- Das Vorgehen der klassischen Mediation hat sich bei der Auftragsklärung und in der Startphase bewährt. Auf diese Weise lässt sich herausfinden, wer an den Konflikten beteiligt ist, wie die Gruppen organisiert sind und wie die Rückbindung erfolgreich organisiert werden kann.

- Auch in der Lösungsphase leisten die klassischen Mediationswerkzeuge gute Dienste beim Suchen und Verhandeln von konkreten Vereinbarungen.

Das hier beschriebene Verfahren und einige weitere Praxiserfahrungen führen uns zum Fazit, dass Klärungshilfe mit einigen Anpassungen auch bei Konfliktsituationen im öffentlichen Bereich zielführend anwendbar ist und einen äußerst wertvollen Beitrag zur Konfliktbereinigung leistet. Sie hat sich, in Kombination mit der Spezialvariante »Transform the Killers«, als eine der effizientesten Vorgehensweisen erwiesen, um aus dem »Morast« der vielen, auch länger zurückliegenden Vorwürfen zwischen verschiedenen Beteiligten wieder herauszufinden.

Wir hoffen, dass die Klärungshilfe einen ähnlichen Weg der Erweiterung der Anwendungsbereiche durchläuft, wie dies die klassische Mediation in den letzten Jahren erlebt hat: vom System Familie zur Arbeitswelt, zum öffentlichen Bereich bis hin zu Konflikten zwischen Ethnien oder Bevölkerungsgruppen. Und wir wünschen allen Pionieren, die Klärungshilfe im öffentlichen Bereich anwenden, viel Erfolg und freuen uns auf einen regen Erfahrungsaustausch in diesem noch jungen Anwendungsfeld.

Quellenangabe

Dieser Artikel wurde mit freundlicher Genehmigung des Rowohlt Taschenbuch Verlags entnommen aus dem Buch: Thomann, Christoph/Kramer, Barbara (Hrsg.): Klärungshilfe konkret. Konfliktklärung im privaten, beruflichen und öffentlichen Bereich, Reinbek bei Hamburg, 2013, S.133–155.

Anmerkung: Der Beitrag wurde für diese Publikation geschlechtergerecht umformuliert, sofern es sich um gemischte Gruppen handelt.

Erweiterung eines Flüchtlingsheims

Dialog kontra fremdenfeindliche Meinungsmache

Roland Schüler

Die Unterbringung von anerkannten Flüchtlingen ist ein emotional sehr beladenes Thema. Sehr schnell wird es zu einem Politikum in der Öffentlichkeit. Wenn dies nicht bearbeitet wird, kann es zu schweren Auseinandersetzungen führen, wie im August 2013 in Berlin-Hellersdorf. Oder es wird sogar Gewalt angewendet wie in Rostock-Lichtenhagen. Mediation als Verfahren der konstruktiven gewaltfreien Konfliktlösung zeigt einen anderen Weg auf.

Auslöser für eine solche Vermittlung im Stadtbezirk Köln-Lindenthal war die Ende 2012 geplante Erweiterung eines Flüchtlingsheims. Am vorgesehenen Ort existierte schon seit 20 Jahren eine Unterkunft für Flüchtlinge. Die zunehmende Zahl von Flüchtlingen, für die die Stadt Köln eine Verpflichtung zur Unterbringung hat, machte weitere Überlegungen und Planungen nötig. Die Stadt Köln hatte sich vor Jahren für ein dezentrales Konzept mit kleinen Einheiten der Unterbringung entschieden. Dies umzusetzen scheiterte jedoch an der bitteren Realität, dass die Stadt zu wenig günstigen Wohnraum anmieten konnte.

Die heute vorhandene Unterkunft für Flüchtlinge war früher doppelt so groß. Als die Flüchtlingszahlen zurückgingen, wurde zwischenzeitlich ein Gebäude abgerissen, . So schöpften die Anwohner/innen schon Hoffnung, dass die gesamte Unterkunft entfällt und der seit langem versprochene Grünzug entsteht.

In der damaligen Situation, Ende 2012, ergaben sich für die Stadtverwaltung folgende Vorteile für diesen Standort: ein kurzfristig verfügbares Gelände im Eigentum der Stadt und ein rechtlich gesicherter Standort. Zudem, hieß es, sei die Nachbarschaft schon an die Unterbringung der Flüchtlinge gewöhnt, dies erleichtere einen ergänzenden Neubau.

Die Nachbarschaft besteht aus einer Eigentümer-Wohnanlage mit 800 Eigentümer/innen, die in zwei Eigentümergemeinschaften organisiert ist. In der Vergangenheit hatte es – aus Sicht der Anwohner/innen – einige Vorfälle mit den Flüchtlingen ergeben, sodass die Anwohner/innen negativ bis äußerst negativ eingestellt waren. Sie betonten deutlich und eindringlich, dass sie eine Erweiterung der Unterkunft verhindern wollten. Weitergehend hieß es: Dieses Heim soll nun, nach über 20 Jahren, endgültig weg.

Gab es realistische Chancen der Verhinderung?

Die Verwaltung hatte starke Macht, das Projekt zu realisieren. Die Kommune ist verpflichtet, den Flüchtlingen eine Unterkunft zu bieten. Daraus leitete sie ihre Handlungsmacht ab. Die Verwaltung ging pragmatisch vor und die Plus-Punkte für den Standort überwogen. An anderen möglichen Standorten gab es zum Teil deutlich schwierigere Probleme. Andere Konzepte waren in der kurzen Zeit, die zur Verfügung stand, nicht machbar. So konnte eigentlich nur über das »Wie« der Unterbringung gesprochen werden. Darüber zu reden, hatte die Verwaltung allerdings nicht in Betracht gezogen.

Die Politik ist an die Pflichtaufgabe gebunden und froh, wenn die Verwaltung die »Kastanien« einer solchen Entscheidung aus dem Feuer holt. Über das »Wie« der Unterbringung wurde manchmal parteipolitisch gestritten. Die realen Möglichkeiten der Verhinderung des Projektes für die Nachbarschaft tendierten gegen Null: rechtlich kein Ansatz und politisch scheinbar keine Unterstützung.

Eine Möglichkeit der Einflussnahme wäre der Protest. Dieser ist in der Regel jedoch wirkungslos, da Politik und Verwaltung den Protest ignorieren und einfach handeln. Ihren Unmut können die Bürger/innen dann in massiven emotionalen Ausbrüchen gegenüber Flüchtlingen zum Ausdruck bringen. Zudem nutzen extreme Parteien den Unmut der Bürger/innen gerne aus und stacheln diesen sogar noch an, um daraus politischen »Erfolg« zu erzielen, vergiften damit aber das gesellschaftliche Klima. Dies konnte man zuletzt im Sommer 2013 in Berlin-Hellersdorf erleben.

Erfahrungen der Auseinandersetzung in einem anderen Kölner Stadtteil

In Köln war an einem weiteren Ort ebenfalls eine Erweiterung einer bestehenden Flüchtlings-Unterkunft vorgesehen. Dieser Standort ähnelte in vielen Voraussetzungen dem in Köln-Lindenthal. Es handelte sich um eine dörfliche Nachbarschaft aus Mehrfamilienhäusern und Einfamilienhäusern. Hier gab es keine vertraulichen Vorgespräche. Die öffentliche Informationsversammlung der Stadt Köln zur Vorstellung des Projektes entwickelte sich zu einer massiven und emotionalen Ablehnung des Flüchtlingsheims und der Flüchtlinge. Rassistische Äußerungen aus dem Publikum wurden beklatscht. Zudem wurden Äußerungen von Vertretern der rechtsextremen Partei »Pro Köln« (PK) begeistert aufgenommen. Die wenigen Äußerungen zu Mäßigung oder Zustimmung zu dem Vorhaben wurden massiv abgelehnt. Ein Zitat aus dem Bericht der örtlichen Presse belegt dies: »Die G. fürchteten zunehmende Kriminalität und Verschmutzung rund um das Heim und lehnen die Erweiterung deshalb ab. Für eine sachliche Auseinandersetzung blieb wenig Raum.«[93]

Die massive Verärgerung wurde verstärkt durch die zunehmende Erkenntnis, dass es eigentlich keine realistische Chance gab, das Projekt zu verhindern und die Anwohner/innen nur ohnmächtig gegen die Erweiterung des Flüchtlingsheims anrennen konnten. Damit ist die zukünftige Nachbarschaft zum Flüchtlingsheim vergiftet. Ob »Pro Köln« oder andere extreme Gruppen bei der nächsten Wahl davon profitieren werden, ist offen. Zudem ist die Ohmacht der Bürger/innen verstärkt worden, denn ihre Erfahrung ist, »die da oben entscheiden doch immer gegen uns«.

Die Mediation in Köln-Lindenthal

Als stellvertretender Bezirksbürgermeister in Köln-Lindenthal und Mediator wollte ich einen anderen Weg einschlagen und eine Eskalation des Konflikts um die Erweiterung der Flüchtlingsunterkunft verhindern. Zudem waren mir im Vorfeld – als die Erweiterung als Möglichkeit noch gar nicht angedacht war – Mei-

---

[93] vgl. Bericht des Kölner Stadt-Anzeigers vom 6. Februar 2013

nungen bekannt geworden, die eine sehr deutliche Ablehnung des bisherigen Flüchtlingsheims zum Ausdruck gebracht hatten.

In die Vorbereitungsphase der Mediation waren der Bezirksamtsleiter des Stadtbezirks Lindenthal und der Vorsitzende der CDU-Fraktion im Stadtbezirk einbezogen. Die Bezirksbürgermeisterin befand sich im Urlaub. Da meine Arbeit als stellvertretender Bezirksbürgermeister ehrenamtlich ist, kostete die Mediation kein Geld.

Beteiligt an der lokalen Mediation rund um die Erweiterung des Flüchtlingsheims wurde nur die direkt betroffene örtliche Bürgerschaft. In der Stadt Köln gibt es eine Vielzahl von Akteuren, die sich mit Flüchtlingsfragen beschäftigen: der offizielle Runde Tisch zu Flüchtlingsfragen, Initiativen für Flüchtlinge wie »Kein Mensch ist illegal«, Kirchengemeinden, aber auch die extreme Partei »Pro Köln«. All diese sind nicht beteiligt worden, da es nur um die Interessen und Bedürfnisse an diesem Standort gehen sollte. Mit dem Vorsitzenden des Runden Tisches habe ich das Verfahren so abgesprochen. Bewusst nicht beteiligt wurde die Gruppe »Pro Köln«. Sie hat andere Interessen als die Bürger/innen vor Ort.

Durch diesen engen Kreis war es möglich, die zuständige Verwaltung der Stadt Köln für das Gespräch zu gewinnen. Meine Absicht war es, vor dem politischen Auftrag zur Erweiterung der Flüchtlingsunterkunft, der vom Rat an die Verwaltung gegeben wird, eine Mediation durchzuführen. Die Verwaltung leistet in der Regel die inhaltliche Vorbereitung zu den politischen Beschlüssen und hat die entsprechenden Informationen. Sie hat aber das formale Problem, dass sie ohne politischen Beschluss nicht in ein Gespräch eintreten kann – mit wem auch immer. Der vertrauliche Rahmen, der enge Kreis der Beteiligten und ein Gespräch ohne die aktive Beteiligung der Politik boten die Voraussetzungen für die Teilnahme der Verwaltung. Hilfreich war das Vertrauen der Verwaltung zu mir in meiner Funktion als stellvertretendem Bezirksbürgermeister, der um die »Nöte« der Verwaltung weiß und so Brücken bauen kann. Unterstützung kam durch unsere Bezirksverwaltung, also von »Verwaltung zu Verwaltung«. Der Bezirksamtleiter hat in einem Gespräch mit der Verwaltung um

Zutrauen und Vertrauen zu dieser Mediation geworben. Auch vom Vorsitzenden des Runden Tisches wurde an die Verwaltung die Empfehlung ausgesprochen mitzumachen.

Die Bürger/innengemeinschaft vor Ort war mittels eines Telefonats und einer Einladung relativ schnell gewonnen. Allein die frühzeitige Ansprache und Beteiligung war für sie wertvoll genug, um sich in den Diskurs einzubringen. Zudem half der offizielle Rahmen: Ort des Gespräches war das Bezirksrathaus Lindenthal und die Einladung sprachen der stellvertretende Bezirksbürgermeister und alle Fraktionen aus.

Im Vorfeld hatte ich die Fraktionen der Bezirksvertretung Lindenthal (CDU 6, Bündnis 90/Grüne 5, SPD 4, FDP 2) und den Einzelverteter der Linken über das geplante Gespräch informiert. Der Vertreter von »Pro Köln« wurde nicht einbezogen. Die Fraktionen sollten als Einlader für das Gespräch unterstützend wirken. Die Fraktionsvorsitzenden und interessierte Mandatsträger waren im so genannten Außenkreis am Gespräch beteiligt, wirkten aber nicht aktiv mit. Dies ist der Politik vertraut, denn bei offiziellen Beteiligungsabenden bei der Bauleitplanung sind die Politiker/innen nur anwesend, um zu hören. Da es ein Abend von Bürger/innen und Verwaltung ist, haben sie kein Rederecht. So wurde auch in der Mediation verfahren. Die nicht beteiligte Gruppe von »Pro Köln« wusste nichts vom Verfahren und bereitete sich strategisch nur auf den öffentlichen Bürgerinformationsabend vor.

Gab es eine Ergebnisoffenheit?

Ob es je eine vollständige Ergebnisoffenheit gegeben hat, wage ich nicht einzuschätzen. In den Vorstellungen der Bürgergemeinschaft können von »genereller Ablehnung« über »ob überhaupt« bis hin zu »Wie kann die Erweiterung verträglich für uns sein?« alle Interessen vorhanden gewesen sein. Die Bürger/innen sind jedoch offen in das Gespräch gekommen, um »das Beste« für ihre Gruppe zu erzielen. Somit war keine fundamentale Opposition vorhanden. Sie schätzten ihren Spielraum im Gespräch mit der Verwaltung höher ein als die Einflussmöglichkeit über die Politik. Denn aus der Politik war deutlich zu vernehmen, dass sie einvernehmlich (außer PK) der Erweiterung der Unterbringung zustimmen wird. Ob ein massiver Widerstand aus der Bürgerschaft die Verwaltung veranlasst hätte, auf die Erweiterung zu verzichten, ist spekulativ. Dies wurde von mir nicht erfragt. Für die Verwaltung war eine Ergebnisoffenheit nicht möglich, da sie vermeintlich unter dem Zwang stand, diesen Standort für eine Erweiterung zu nutzen. Sonst wäre es in der Logik der Verwaltung gar nicht zu diesen Überlegungen gekommen.

Ablauf und Besonderheiten der Mediation

Es handelte sich um eine normale Mediation. In der Einladung hatte ich einfach von einem »Gespräch« zur Klärung der Frage der Erweiterung des Flüchtlingsheims gesprochen. Ob wir dann in eine Mediation eintreten konnten und wollten, habe ich den Teilnehmer/innen überlassen. Speziell war nur die Vertrauensstellung des stellvertretenden Bezirksbürgermeisters als Mediator. So konnten die Beteiligten kurzfristig gewonnen werden und der Rahmen vertraulich und nicht-öffentlich bleiben.

Im kleinen Sitzungssaal des Bezirksrathauses waren 15 Vertreter/innen der Anwohner/innen und drei Vertreter/innen der Stadtverwaltung Köln zum Gespräch zusammengekommen. Ergänzend waren Vertreter/innen aus allen Parteien und der Bürgeramtsleiter anwesend. Nach einer kurzen Begrüßung und einer Einführung in das Thema »Unterbringung von Flüchtlingen am bestehenden Flüchtlingsheim« ergab sich ein offenes Gespräch der Beteiligten über die Positionen »Erweiterung« und »Ablehnung« des Flüchtlingsheims. Durch Klären und Erhellen der Interessen und Bedürfnisse konnte schließlich ein konstruktiver Weg für das gemeinsame »Wie« gefunden werden, der dann zu einer einmütigen Lösung führte. So gesehen war die Ergebnisoffenheit bei unausgesprochenen Leitplanken zielführend.

Im Verlauf der Mediation wurde eine Reihe von einvernehmlichen Lösungsvorschlägen erarbeitet. Ich hatte die Punkte notiert und mündlich am Ende vorgetragen und nachgefragt, ob diese so stimmten. Zur Absicherung wurde die von mir dokumentierte Vereinbarung an die Beteiligten versandt mit der Bitte um schriftliche Zustimmung. In der Mediation war beschlossen worden, dass diese Vereinbarungen anschließend mittels eines politischen Beschlusses gefestigt werden sollten.

Umgang mit der Presse

Im Vorfeld hatte ich die lokalen Zeitungen über den Plan der Erweiterung des Flüchtlingsheims und die Mediation informiert. Ich bat um eine Zurückhaltung bis nach dem Gespräch, um den Erfolg nicht zu gefährden. Da die Journalist/innen mich als Mediator und stellvertretenden Bezirksbürgermeister kannten, fand diese Bitte offene Ohren. Die Presse war somit bei dem Gespräch nicht anwesend. Nachdem die Vereinbarung von beiden Seiten abgesegnet worden war, wurde die Presse von mir informiert. Sie hat dann positiv über das Ergebnis und die erreichten Inhalte berichtet.

Die Ergebnisse und deren Umsetzung

Es wurde vereinbart, dass in den Häusern Bewohner/innen aufgenommen werden, die mit hoher Wahrscheinlichkeit ein Bleiberecht haben werden.

Eine effiziente sozialtherapeutische und ordnungspolitische Begleitung und Betreuung mit ausreichendem Personal wird durch die Verwaltung sichergestellt.

Die Verwaltung stellt kompetente Gesprächspartner/innen für alle Belange im Zusammenhang mit den Bewohner/innen der Liegenschaft, für die direkten Anwohner/innen und für Weidener Bürger/innen vor Ort zur Verfügung.

Für den Gesamtraum wurde eine Sozialraumanalyse in Auftrag gegeben.

Die Vereinbarungen wurden als gemeinsamer Antrag aller Fraktionen und des Einzelmandats der Linken zur Sitzung in die Bezirksvertretung Lindenthal eingebracht und einstimmig verabschiedet. Auch mit der Stimme des Politikers von »Pro Köln«, der kurz vor der Abstimmung aus der PK ausgetreten war. Dem folgte dann der zuständige Ratsauschuss, indem er die Vereinbarung für alle Erweiterungen von Flüchtlingsheimen übernahm. Neben der politischen Absicherung war die im Gespräch signalisierte Zustimmung der Verwaltung in der Umsetzung immens wichtig.

Ein wichtiges Thema der Mediation war die Verlässlichkeit der Aussagen durch die Verwaltung. Die Bürger/innen haben in der Vergangenheit schlechte Erfahrungen gemacht. Hilfreich war die Erstellung einer Liste von verantwortlichen Ansprechpartner/innen bei der Verwaltung, die garantiert erreichbar sind. Ein Knackpunkt der Mediation war die Frage, wie die schlechten Erlebnisse und Erfahrungen mit dem Flüchtlingsheim in den letzten 20 Jahren abgeschlossen werden konnten. Dies gelang, weil im vertrauten Rahmen darüber offen gesprochen werden konnte. Erst so konnte eine Chance für eine Erweiterung in der Zukunft hergestellt werden.

Bewertung der Mediation

Die Gesamtzufriedenheit nach dem Gespräch war sehr groß. Sie wurde noch größer nach dem positiven konstruktiven Verlauf der anschließenden Bürgerinformation nach den politischen Beschlüssen. Die Mediationsversammlung verlief konstruktiv und ohne Eskalation. Vertreter/innen von »Pro Köln« hatte keine Chance, die Stimmung zu beeinflussen. Bei der Bürgeranhörung am anderen Standort hatte sich eine ganz andere Stimmung aufgebaut. Die Bürger/innen würdigten das Ergebnis der Mediation:

»*Nachdem die Leute ihrem zurückliegenden Ärger Luft gemacht hatten, ging man im Publikum aber schnell dazu über, konstruktive Vorschläge zu machen*«, so ein Zitat des Kölner Stadt Anzeiger vom 14. Februar 2013 im Bericht über die öffentliche Bürgerversammlung. Auch die Beteiligten an der Mediation äußerten die Zufriedenheit. Ein Zitat aus einer E-Mail von einer Anwohnerin:

»*Ich hoffe und wünsche mir, Sie halten mich (uns) weiterhin auf dem Laufenden. Vielen Dank. Schön, dass es Politiker – wie Sie – gibt. Mit besonders lieben Grüßen und besten Wünschen für eine gute Zeit.*«

Aus einem Schreiben der Objektverwaltung:
»*Zunächst möchten wir uns auch auf diesem Wege noch einmal für Ihre Einladung und der Möglichkeit, an der Informationsveranstaltung vom 26.11.2012 teilzunehmen, herzlich bedanken. (...) Wir bedanken uns für Ihr Engagement!*«

Sanierung des Landwehrkanals in Berlin

Innenansichten aus Deutschlands bisher größtem und längstem Mediationsverfahren

Doris Fortwengel

Im April 2007 brach ohne Vorwarnung am Berliner Landwehrkanal der Uferbereich einer Anlegestelle am Maybachufer/ Kottbuserbrücke ein. Einige Tage später stellte die zuständige Fachbehörde weitere Absackungen in der Grünfläche des Kanalbereiches nahe des Deutschen Technik-Museums, nur wenige Kilometer von der ersten Abbruchstelle, fest. Aufgeschreckt durch diese Ereignisse, glaubte das verantwortliche Wasser- und Schifffahrtsamt Berlin (WSA) handeln zu müssen und kündigte zur Gefahrenabwehr an, umgehend 200 am Landwehrkanal stehende, teilweise über 100 Jahre alte Bäume fällen zu wollen. Davon ausgehend, dass diese mit ihrem Wurzelwerk den Schaden mit verursacht hätten und zusätzlich mit ihrem enormen Gewicht auf die maroden Ufermauern drücken würden. Zudem sah man die Gefahr, dass, bei weiteren Uferabsackungen mit Baumbepflanzung, diese Bäume mitgerissen würden und dadurch die im Minutentakt passierenden Touristenschiffe und deren Passagiere gefährdet sein könnten. Es wurden umgehend erste Baumfällungen durchgeführt.

In der Tagespresse fand sich dazu anfänglich nur eine kleine Notiz. Nach nur wenigen Tagen wurde allerdings über die Medien vermeldet, dass für die weitere Sanierung des Landwehrkanals alle im Abstand von drei Metern zum Ufer stehende Bäume gefällt werden müssten. Spätestens jetzt wurden sowohl die Bürger/innen im Umfeld des Landwehrkanals als auch dessen Nutzer/innen, Reedereien und Bootsbesitzer/innen, aufmerksam. Lebensraum und Tourismusmagnete waren in Gefahr.

Initiiert durch eine kleine Gruppe aktiver Bürgervertreter/innen Kreuzbergs begann Anfang Mai 2007 eine intensive Aufklärungskampagne der Anwohner/innen und Passant/innen, es formierte sich die Bürger/inneninitiative »Bäume am Landwehrkanal« (BI BaL). Schneeballartig vergrößerte sich die Ursprungsgruppe der Aktiven, die den Protest gegen die aus ihrer Sicht unnötigen Baumfällungen professionell und weitreichend organisierte.

Dazu gehörten u.a. täglich frühmorgendliche Kontrollen der Uferwege mit dem Fahrrad, um geplante Baumfällungen rechtzeitig erkennen und verhindern zu können, der Aufbau von Kontakten zu Politiker/innen und Umweltverbänden, regelmäßige, abendliche Information von Anwohner/innen und Interessierten auf der Admiralbrücke wie an anderen Orten, die Organisation symbolischer Aktionen wie Baumbesetzungen, Menschenketten, Paddelparaden, Demos und nicht zuletzt die Sammlung von über 26.000 Unterschriften für eine baumerhaltende Sanierungsweise.

Getragen wurden all diese Gemeinschaftsaktionen von einer großen Wertschätzung der alten Bäume, ihrer Funktion als Stadtgrün, Erholungsraum und Kaltluftschneise und des Stadtbildes im Allgemeinen. Dazu kam das instinktive Gefühl vieler Bürger/innen, dass die Bäume nicht der Auslöser der Ufereinbrüche sein könnten und dass es andere Sanierungsmethoden geben müsste, welche den Baumbestand schonen würden. Hinzu kam, dass viele den regen Fahrgastschiffsverkehr als Auslöser der maroden Ufermauern argwöhnten, ohne dies rational mit Fakten belegen zu können.

Aus der Bevölkerung gab es quer durch alle sozialen Schichten und Altersgruppen breite Unterstützung. Nicht nur die Anrainerbezirke Friedrichshain-Kreuzberg, Mitte, Neukölln und Treptow-Köpenick und Charlottenburg-Wilmersdorf, auch Berlinbesucher/innen aus Deutschland, Europa und aller Welt unterstützten den Wunsch eines Moratoriums. Der Landwehrkanal und der Prostest waren plötzlich sichtbar in allen Medien. Prominente Berliner Kulturschaffende und Politiker/innen gaben Rückhalt und Unterstützung bei der Suche nach konstruktiven Lösungen.

Die schnelle und breite Mobilisierung der Öffentlichkeit im Umfeld des Kanals kam sowohl für das Wasserschifffahrtsamt (WSA) Berlin, wie auch für deren Aufsichtsbehörde Wasserschifffahrtsdirektion (WSD) Ost (heute GDWS Ast Ost) in Magdeburg bis hinauf zum Bundesverkehrsministerium (BMVBS) in Bonn vollkommen unerwartet. Bisher galt im Selbstverständnis der zuständigen Behörden, dass ihre Entscheidungen von allen hingenommen werden, da sie gesetzlich als Fachbehörde wie Bundes-institution agiere. Nun aber wurde sowohl die Fachkompetenz wie das hierarchische Agieren ('Bundesrecht bricht Landesrecht') in Frage gestellt.

Eskalation

Das Bezirksamt Friedrichshain-Kreuzberg unterstützte eine friedliche Lösung des Konfliktes und hatte zu Verhandlungen zwischen den Konfliktparteien an einen Runden Tisch geladen. Während der letzten der drei Verhandlungsrunden im Juli 2007, als es nur noch um den Umgang mit drei Bäumen ging, ließ der damalige Amtsleiter des WSA auf Anweisung der Aufsichtsbehörde GDWS Ast Ost unter Polizeischutz 22 Bäume fällen.

Dies führte nicht nur zu großem Unverständnis, sondern auch zu Wut auf Seiten der Öffentlichkeit. Der in den Verhandlungsrunden begonnene konstruktive Dialog war konterkariert. Durch das Fakten schaffende Verwaltungshandeln eskalierte der Konflikt. Tausende von Anwohner/innen und Unterstützer/innen und eine auf das Recht pochende Verwaltung standen sich unversöhnlich, nicht mehr dialogfähig gegenüber.

Die medialen Kräfteverhältnisse verschoben sich zu diesem Zeitpunkt eindeutig und nahezu nicht mehr umkehrbar in Richtung der Bürger/inneninitiative, Anwohner/innen und ihre Unterstützer/innen, denn während der Verhandlungen war einseitig von Vertreter/innen des WSA Berlin die gemeinsam vereinbarte Friedenspflicht ohne Ankündigung und ohne Not willkürlich gebrochen worden.

Neue Wege beschreiten

Die Eskalation führte zum Eingreifen des für die Wasser- und Schifffahrtsverwaltung (WSV) zuständigen Bundesverkehrsministeriums (BMVBS). Das WSA war an den Berliner Wasserstraßen nicht mehr handlungsfähig, ohne auf die massive Unterstützung der Polizei zu setzen. Der Polizeieinsatz zum Schutz der Baumfällaktion hatte ca. 100.000 Euro gekostet. Der Kurs der harten Fronten war gesellschaftspolitisch nicht mehr tragbar.

Es mussten neue kommunikative Wege beschritten werden, um eine Befriedung des aus dem Ruder gelaufenen Konfliktes zu suchen. Für die Öffentlichkeit und Presse wurde in einem ersten Schritt eine externe Ansprechpartnerin eingesetzt, bei der alle Stränge zum Landwehrkanal zusammen liefen. Die Kommunikation fand nicht mehr mit verschiedenen Vertreter/innen der WSV statt, die unterschiedliche Aussagen zu einem Sachverhalt machten. Eine einzige kompetente Person, die auch für die bislang vermisste Transparenz sorgte, war nun für den komplexen Sachverhalt zuständig.

Gleichzeitig setzte der Prozess der Suche nach Wegen zur Deeskalation ein. In der Entscheidungsphase standen sowohl die Mediation, veranschlagt für ca. ein halbes Jahr, als auch Planungswerkstätten, verteilt über ein Jahr, zur Diskussion. Die Entscheidung für die Mediation traf das BMVBS. Es finanzierte auch das Verfahren.

Deeskalation

Ende Juli 2007 kündigte das WSA Berlin auf einer Pressekonferenz an, dass es eine Mediation zur Sanierung des Landwehrkanals durchführen wolle. Diese überraschende Wende wurde von Politik und Öffentlichkeit positiv aufgenommen. Der Konflikt entschärfte sich zum ersten Mal spürbar.

Ohne diese Intervention des BMVBS wären die Auseinandersetzungen wahrscheinlich zunehmend handgreiflicher geworden. Tendenzen dazu zeichneten sich bereits ab: Es kam zu verbalen Beschimpfungen von WSV-Mitarbeiter/innen und Bewerfen mit Flaschen und Steinen bei Routinefahrten auf den Wasserstraßen, insbesondere im Bezirk Berlin-Kreuzberg, in dem der urbanste und längste Abschnitt des Landwehrkanals liegt. Hier hatten vor Jahren die Häuserkämpfe getobt, gewaltbereite Gruppen sind hier zu Hause.

Unter den beteiligten Bürger/innen wurde das Für und Wider des Angebots kontrovers diskutiert, man informierte sich über die Mediation als Konfliktvermittlungsverfahren im Allgemeinen und über die Mediator/innen im Besonderen. Große Teile der Bürgerschaft waren skeptisch, andere sahen zumindest eine Möglichkeit, gemeinsam nach neuen Lösungen zu suchen. Wer die Mediator/innen waren, schien damals nicht ausschlaggebend zu sein.

Die Entscheidung des BMVBS auf ein Deeskalationsformat der Vermittlung zu setzen, wird bis heute positiv und lobenswert wahrgenommen.

Auftaktveranstaltung

Das WSA Berlin hatte unter Nutzung vielfältiger Medienkanäle und möglicher Multiplikator/innen zu einer Auftaktveranstaltung am 27. September 2007 in ein ehemaliges Umspannwerk in Kreuzberg – dem Brennpunkt des Konfliktes – eingeladen. Ziel war es, das Format der Mediation vorzustellen, um öffentliche Beteiligung zu werben und das Mediationsteam vorzustellen. Zudem sollten die relevanten Teilnehmer/innen und Interessensgruppen identifiziert und motiviert werden, an der Mediation teilzunehmen. Die Ziele wurden erreicht, die Veranstaltung überzeugte Presse und Öffentlichkeit.

Kritisch anzumerken ist, dass das WSA damals schon Sanierungsvarianten für den Kanal vorstellte. Dies wurde als zu determinierend wahrgenommen und sorgte auch immer wieder im Verlauf der nächsten Jahre für Unstimmigkeiten.

Offizieller Anfang der Mediation

Die erste offizielle Sitzung fand in den Räumen des Deutschen Architekturzentrums statt. Die Atmosphäre und der Umgang miteinander waren noch von Misstrauen und teilweise Feindseligkeit geprägt. Dies legte sich erst mit der Zeit.

Die Teilnehmer/innen des Verfahrens waren das Wasser- und Schifffahrtsamt (WSA) Berlin, die Wasser- und Schifffahrtsdirektion Ost (heute GDWS ASt Ost), die Vertreter/innen der Anrainerbezirke, die Vertreter/innen verschiedener Senatsverwaltungen, Umweltorganisationen, Vertreter/innen von Reedereien, Wassersportverbänden, die IHK u.a. – insgesamt über 25 Behörden, Institutionen und Verbände neben den verschiedenen Bürger/innengruppen und der BI, dem Verein »Bäume am Landwehrkanal«. Die Verhandlungsrunden erreichten bisweilen eine Größe von bis zu 50 Teilnehmer/innen.

In einem gemeinsam verabredeten Arbeitsbündnis wurden im Januar 2008 drei Schwerpunkte des Verfahrens definiert: die Entwicklung einer einvernehmlichen Sanierungslösung, die Ausarbeitung und Unterzeichnung eines Mediationsvertrages, welcher die Ergebnisse und den künftigen Umgang festlegen sollte, sowie die »Einrichtung geeigneter Abläufe und Kontrollmittel zur Unterstützung und Absicherung der Umsetzung vereinbarter Lösungen«.

Dazu zählten die Definition der Rolle und Aufgaben der Mediator/innen, die mit Leitung, Mediation und Organisation beschrieben wurde, die Einvernehmlichkeit von Beschlüssen, die Verfahrensschritte, wie mit Änderungen umzugehen ist, die Einrichtung notwendiger Arbeitskreise/Untergruppen sowie die Möglichkeit, Sachverständige beizuziehen. Zu allen Sitzungen sollten den Beteiligten Ergebnisprotokolle zur Verfügung gestellt werden. Auch die Option des Ausscheidens von Parteien wurde geregelt. Die erste Phase der Mediation war damit abgeschlossen.

Von diesem Zeitpunkt an galt die Friedenspflicht, die Rückbindung der Verhandlungsergebnisse an die jeweiligen Interessengruppen musste sichergestellt werden, ein Austragen von Konflikten über die Medien sollte zum Wohle der Einigung verhindert werden. Das Mediationsforum unterrichtete auf einer Website[94] die Öffentlichkeit, die BI BAL führte einen kritischen Blog.[95]

Die Sitzungen waren nicht öffentlich, die Presse war ausgeschlossen. Die Öffentlichkeit wurde hauptsächlich über die Webseiten, den Newsletter des WSA, über Blogs oder bei besonderen Ereignissen oder Mediationsschritten über die Presse informiert.

Rückblickend wäre es sinnvoll gewesen, eine größeren Öffentlichkeit regelmäßig einzubinden, z.B. über eine jährliche Veranstaltung, bei der man kompakt und kurz über das Verfahren und

---

94 www.landwehrkanal-berlin.de
95 www.baeume-am-landwehrkanal.de/2-0-Blog.html.

dessen jeweiligen Stand hätte berichten können. Öffentliche Veranstaltungen waren als Möglichkeit in der Mediationsvereinbarung vorgesehen, scheiterten aber immer wieder im Forum. Bei Abstimmungen ließ sich keine Einigkeit erzielen, eine Gruppe verhinderte dies immer wieder.

Im Arbeitsbündnis war die WSV in ihrer Arbeit am stärksten eingeschränkt. Das WSA konnte nicht mehr präjudizierend tätig werden, die Behörde hatte alle geplanten Maßnahmen am Landwehrkanal im Mediationsforum bekannt zu geben und ein Einverständnis herzustellen. Für eine bisher eigenständig arbeitende Behörde war das schwer zu akzeptieren.

Die Mediator/innen hatten eine zentrale Stellung, Organisation und Leitung des Verfahrens inkl. der Sitzungen lagen in ihrer Hand. Im Verlauf des Mediationsverfahrens LWK gab es aber auch Phasen, in denen Stimmung und Atmosphäre im Forum und zwischen den Teilnehmer/innen friedlich und zugewandt waren. In diesen Phasen hätten viele gerne schneller, unaufgeregter und auch einmal ohne Mediator/innen zusammen gearbeitet. Dies war nicht ermöglicht, da im Arbeitsbündnis nicht vorgesehen. Bei einigen Teilnehmer/innen entwickelte sich in der Folge eine Art »Mediationsmüdigkeit«, sie kamen seltener zu Sitzungen.

Die Integration von Großgruppenverfahren, wie z.B. Planungswerkstätten oder Worldcafes, hätten das Verfahren flexibler und lebendiger gemacht. Diese Öffnung für andere Formate war aber in der Ursprungsvereinbarung nicht vorgesehen und auch deshalb nicht oder schwer zu etablieren. Zumindest bei weiteren, lange dauernden Großverfahren sollte das bedacht werden.

Alltag der Mediation

Im Jahr 2008 fanden insgesamt 28 Sitzungen statt – davon 11 Foren und 17 Arbeitskreise zu den Themen kurzfristige Maßnahmen, nachhaltige Schifffahrt, Naturhaushalt und Landschaftsbild, Sanierung und Planerbeauftragung. Auch mit der »Informations- und Themensammlung« und der »Interessenklärung« wurde begonnen. Die Teilnehmer/innen bewegten sich aufeinander zu und fingen an, konstruktiv miteinander zu arbeiten.

Einige kritische Bürger/innen verließen trotzdem die Mediation, da sie sich keinen Erfolg versprachen und ihnen die Arbeitsweise zu langwierig war. Bis heute wird von ihnen der Blog »Landwehrkanal für alle«[96] betrieben und dort mit kritischem Abstand das Mediatonsverfahren begleitet. Die Ausgestiegenen sind gegen die Mediation. Das Engagement der im Forum Verbliebenen, ihre Misserfolge und Hängepartien werden kritisch kommentiert. Weitere Bürger/innen zogen sich später zurück, da sie den enormen Zeit- und Arbeitsaufwand neben ihrer Arbeit nicht mehr leisten konnten.

Erste Erfolge als auch Rückschläge

Im Jahr 2009 begann die Planung der Sanierung der ersten eingebrochenen Uferstelle, der Anlegestelle Maybuchufer. Es wurde beschlossen, auf einer Teststrecke das bisher in Berlin unerprobte Crush Piler Verfahren zum Einbringen von Spundbohlen zu erproben. Zudem wurde die zerstörungsfreie Analyse des Verlaufs von Baumwurzeln anhand eines neues geophysikalischen Verfahrens beauftragt. Ein »Bauleiter Baumschutz« wurde eingeführt, Kriterienkatalog und Interessensammlung fast vollständig fertig gestellt (verabschiedet Februar 2010). Das WSA richtete eine eigene Arbeitsgruppe LWK ein, die wie eine Projektgruppe arbeitete und sich auf den Landwehrkanal, seine Sanierung und die Mediation konzentrierte. Ein effizientes Arbeiten wurde ermöglicht. Im Forum waren die Beteiligten guter Hoffnung, das Verfahren zügig beenden zu können.

Zu diesem Zeitpunkt wurde klar, dass die Fahrgastschifffahrt, dominiert im Wesentlichen von zwei Reedereien, entscheidend zum maroden Zustand der Ufermauern beigetragen hatte. Die Schiffsschrauben der Ausflugsschiffe hatten durch Sog und Schwall die Ziegelflachschicht der Ufermauern herausgesogen. Es entstanden Unterhöhlungen, in deren Folge es zu den Absackungen kam. Nicht die Bäume waren Verursacher der Ufereinbrüche, sondern der Schiffsverkehr – wie von den Bürger/innen von Anfang an vermutet.

---

[96]   vgl. http://unserkanal.blogspot.de/

Im Herbst 2010 kam es dann zu Turbulenzen. Nach den Bundestagswahlen kam es zu einem Leitungswechsel im BMVBS, der sich im Umgang mit Bürger/innenbeteiligung, Mediation und zukünftiger Sanierung niederschlug. Das Ministerium forderte nun eine Aufstellung der Kosten der Kanalsanierung. Als diese Kosten, veranschlagt durch die Mittelbehörde WSD Ost, in Höhe von 180 Millionen Euro auf dem Tisch lagen, wurde klar, dass in diesen Dimensionen nicht saniert werden sollte. Die Erstellung einer substantiellen Haushaltsunterlage (HU) wurde eingefordert.

Parallel zu diesen internen Verwaltungsgesprächen, über die das Mediationsforum nur partiell informiert wurde, stellte sich zufällig heraus, dass es bereits eine HU aus dem Jahr 1995 gegeben hatte und dass diese Ende 2009, ohne das Forum zu informieren, aufgehoben worden war. Bereits zugesagte Gelder, die für Innovationen, alternative Planungen oder Teststrecken hätten eingesetzt werden können, standen nicht mehr zur Verfügung.

Unverständnis und Unmut ob des Kurswechsels und der mangelnden Transparenz machten sich in großen Teilen des Forums breit.

Im September 2010 wurde das sanierte Teilstück der Anlegestelle Riedel – welches mit seinen Absackungen 2007 der erste Hinweis auf den maroden Zustand des Bauwerks gewesen war – zum 160. Geburtstag des Kanals unspektakulär wieder eingeweiht. Hier war in Abstimmung mit dem Nutzer durch die WSV der gesamte Anlegebereich aufwendig saniert worden. Die Sanierungsmethode war zusammen mit dem Forum entwickelt worden. Im Verlauf der Sanierung musste jedoch auf Injektionen zur Sicherung der im Uferbereich stehenden Gebäuden zurückgegriffen werden. Diese aufwendigere Variante führte zu höheren Kosten, als ursprünglich im Forum beschlossen worden war. Als Erfolg zählte jedoch die Entwicklung der gemeinsamen Lösung.

Weitere Turbulenzen

Im Februar 2011 traf sich das Forum mit den neuen Vertreter/ innen des Ministeriums. Trotz aller Aufs und Abs im vorhergehenden Jahr, bekundete die Führungsmannschaft des »nassen Bereiches« des BMVBS, dass man das Mediationsverfahren weiterhin unterstützen wolle. Die Hintergründe einer HU wurden noch einmal erklärt, die Möglichkeit einer Planfeststellung erwähnt. Der ambitionierte Zeitplan für das weitere Verfahren sah vor, bis Ende des Jahres 2011 alle Unterlagen gemäß der Bundeshaushaltsordnung (BHO) zu erarbeiten, um 2013 mit der Sanierung beginnen zu können. Zumindest die Bürger/innen wollten das Projekt gut zu Ende bringen. Die Unterlagen zum Ist- und Soll-Zustand des Kanals wurden fristgerecht eingereicht, einzig das Gutachten zur Statik ließ auf sich warten und wurde erst 2012 fertig.

Schon Anfang des Jahres zog sich die Leiterin der Arbeitsgruppe Landwehrkanal zurück, sie schied im Sommer endgültig aus der Arbeitsgruppe aus. Erst im Herbst war ein Nachfolger gefunden. Ein weiterer Mitarbeiter der Arbeitsgruppe wechselte in einen anderen Bereich des WSA. Die Kommunikation zwischen der Schifffahrtsverwaltung und dem Forum wurde schwieriger. Der neue Leiter wollte das Verfahren zügig zu Ende führen. Der Stil des Umgangs wurde ruppiger. Bereits gefasste Beschlüsse des Forums wurden vom der neuen Leitung in Frage gestellt.

Die WSA und der WSD Ost rückten nun die Notwendigkeit eines Planfeststellungsverfahrens als Alternative zur Mediation in den Vordergrund, die Möglichkeit eines Konsensvariante zur Sanierung des Landwehrkanals wurde von der Verwaltung in Frage gestellt. Auf allen Seiten fehlte nun das Vertrauen in eine kooperativ entwickelte, gemeinschaftliche Lösung.

Bürger/innen suchen die Öffentlichkeit

Die Bürger/innen suchten deshalb die Öffentlichkeit. Im September 2011 fand eine Veranstaltung unter dem Titel »Bürgerbeteiligung zur Zukunft des Landwehrkanals – Innenansichten aus Deutschlands größtem Mediationsverfahren« statt. Die Wasserschifffahrtsverwaltung nahm nicht teil, andere Gruppen der Mediation unterstützten die Veranstaltung. Es gab kleine Einführungen, World Cafés und Diskussionsrunden. Themen waren die Bürger/innenbeteiligung allgemein, die Mediation im Besonderen als auch die Sanierung des Kanals und die bisher erzielten Erfolge.

Einige der damals gestellten Fragen sind offen bis heute – z.B. ob sich die Berliner Stadtplanung an einer integrativen Gesamtplanung des Kanals beteiligt und sich für dieses städtische Juwel einsetzt und ob die Wasserschifffahrtsverwaltung bereit ist, auch in Zukunft diesen Planungs- und Umsetzungsprozess mit Bürger/innenbeteiligung zu gehen. Die Bürger/innen wünschten sich statt eines kräftezehrenden Gegeneinanders ein kreatives Miteinander. Es war die einzige öffentliche Veranstaltung im Mediationsverfahren während des ganzen Prozesses.[97]

Die neue Statik als Grundlage für einen weiteren Erfolg

Die neue Statik wurde erst zu Beginn des Jahres 2012 fertig. Die Fertigstellung der HU musste um ein weiteres Jahr verschoben werden. Das Gutachten brachte die neue Erkenntnis, dass die Last der Bäume durch die Einbindung der Baumwurzeln in das Erdreich neutralisiert wurde. Alle weiteren Sanierungsschritte konnten statisch unabhängig vom Gewicht der Bäume geplant und dadurch erheblich vereinfacht werden.

So gelang es im Verlauf des Jahres 2012 reale und detaillierte Lösungen für die Sanierung der gesamten Uferabschnitte des Kanals zu entwickeln. Die Kosten lagen nur noch bei 67 Millionen Euro statt der ursprünglich prognostizierten 180 Millionen Euro.

Ende Januar 2013 war diese Haushaltsunterlage innerhalb kürzester Zeit genehmigt. Die neue Sanierungslösung der Steinschüttung für den Sockelbereich war zudem ökologischer als die bisher überwiegend favorisierte Verspundungslösung.

Endspurt

Seit Anfang des Jahres 2013 wurde an der Mediationsvereinbarung gearbeitet. In mühsamer Kleinarbeit und in vielen Sitzungen hatte man sich auf eine gemeinsame Version geeinigt, die

---

[97] Eine Beschreibung der Veranstaltung findet sich im Internet unter: http://baumschutz.wordpress.com/2011/09/18/gruene-magistrale; auf der Seite der Mediator/innen oder des Forums ist die Veranstaltung nachzuhören unter www.landwehrkanal-berlin.de/oeffentliche-veranstaltungen.html

die Zeit nach der Mediation mit der Bau- und Sanierungsphase regeln sollte. Ratgeber war dabei u.a. das »Handbuch für eine gute Bürgerbeteiligung bei der Planung von Großvorhaben im Verkehrssektor«.[98] Dass die Wasserschifffahrtsverwaltung diese Fassung nicht mittragen konnte, wurde erst in der Sitzung im August 2013 deutlich. Die Verwaltung in Abstimmung mit dem BMVBS brachte eine eigene Version der Vereinbarung ein. Vor allem die Bürger/innenbeteiligung wurde hier auf ein Minimum zurückgeschraubt. Übrig blieb die Information der Öffentlichkeit. Mehr Einbeziehung sollte es erst geben, wenn es zu neuen Konflikten kommen sollte. Ein Bürger fasste es so zusammen: »Kooperation nur bei Konfrontation?«

Alte Ängste und Befürchtungen waren in dieser letzten Phase wieder auf allen Seiten wahrnehmbar. Doch kaum jemand wollte das bisher Erreichte aufgeben. Man einigte sich auf eine erneute Diskussionsphase und legte Termine in rascher Folge fest. Wegen Terminüberschneidungen konnten die Mediator/innen nicht immer dabei sein. Die Moderation übernahm bei zwei Terminen die Pressesprecherin des WSA. Es zeigte sich, dass die Gruppe auch ohne stetiges »mediatives Spiegeln« in der Lage war, miteinander zu arbeiten und Lösungen zu entwickeln. Über die Jahre hatte sich eine verlässliche Arbeitsgrundlage gebildet, welche auch über diese letzten schwierigen Sitzungen trug.

Bei diesen letzten Sitzungen waren Ministeriumsvertreter/innen fast durchgehend anwesend. Die zeitraubende Abfrage des Einverständnisses aller Ebenen der Wasserschifffahrtsverwaltung, das nach maßgeblichen Entscheidungen im Forum bis dahin notwendig war, entfiel.

Nach einer sechsjährigen Mediation konnte eine Schlussfassung erstellt werden. Vor allem im strittigen Bereich der Bürger/innenbeteiligung wurden nach zähem Ringen gute Lösungen gefunden. Das große Forum soll für die allgemeine Öffentlichkeit geöffnet werden und regelmäßig zweimal jährlich tagen. Ein er-

---

[98] Zu finden im Internet unter www.bmvbs.de/cae/servlet/contentblob/81212/ publicationFile/65799/handbuch-buergerbeteiligung.pdf.

ster Termin wurde festgelegt. Für die Einbindung der bisherigen Teilnehmer/innen des Verfahrens mit all ihrem Wissen wurden sogenannte »Expertengespräche« zwischen den Foren eingeführt.

Die Etablierung der geplanten zentralen Stelle zur Öffentlichkeitsbeteiligung beim WSA Berlin wurde im Hinblick auf die Umsetzung kritisch hinterfragt. Würde diese zeitnah kompetent besetzt und mit entsprechenden Befugnissen und Freiräumen innerhalb der Verwaltung ausgestattet werden können? Nach der Kündigung der Mediator/innen Ende Oktober 2013 und der Beendigung des Mediationsverfahrens gab es bei Unstimmigkeiten keine neutrale Anlaufstelle mehr. Umso nötiger ist die neue kommunikative Anlaufstelle für den weiteren Prozess der Sanierung und Instandhaltung.

Für einen Bürger war durch die Ungeklärtheit dieser Frage die gesamte Mediationsvereinbarung nicht annehmbar.

Alle beteiligten Gruppen haben sich bei der letzten Sitzung entschlossen, diese Schlussvereinbarung in ihre jeweiligen Gruppen zu tragen und die Unterzeichnung zu empfehlen.

Was bleibt? Ausblick

Die über 20-seitige Vereinbarung wird danach auf allen relevanten Seiten des Mediationsverfahrens zu finden sein. Sie wird sowohl mit ihrem Text als auch Anhängen und Verweisen ein guter Überblick über das Mediationsverfahren Landwehrkanal als auch ein reicher Fundus für alle nachfolgenden Beteiligungsverfahren sein.

Die Bäume können Dank eines neuen statistischen Gutachtens stehen bleiben. Eine ökologisch bessere Sanierungsmethode wurde für weite Strecken des Kanals gefunden. Und nicht zuletzt reduzierten sich so auch die Sanierungskosten von ehemals 180 Millionen Euro auf unter 70 Millionen Euro. Ein Erfolg auf vielen Ebenen.

Alle Teilnehmer/innen des Mediationsverfahrens Landwehrkanal haben eine neue Art der Kommunikation kennen gelernt.

Die Sicht auf Konflikte und deren Lösungsmöglichkeiten hat sich verändert. Man hat erfahren, dass sich durch das Einlassen aufeinander und den offenen Austausch miteinander oft – und manchmal auch unerwartet – gute Lösungen für ein Problem finden lassen. Diese Erfahrungen haben viele Beteiligte an ihre jeweiligen Arbeitsstätten mitgenommen und dort etabliert. Manchmal wurden auch neue Prozesse der Bürger/innenbeteiligung angestoßen.

Eingefordert wird Bürger/innenbeteiligung von vielen Gruppen der Gesellschaft bei verschieden Problemen und Projekten. Dass diese auch bei größeren Projekten gelingen kann, hat das Verfahren Landwehrkanal gezeigt. Nicht alles war perfekt. Aber gerade daraus lässt sich lernen. Es braucht z.B. nicht in allen Phasen das Instrument der Mediation. Andere Formate der Beteiligung könnten zeitweilig angepasst an den jeweiligen Stand des Verfahrens eingesetzt werden. Für einzelne konfliktfreiere Abschnitte reicht auch mal eine gute Moderation. Ebenso ziehen zeitliche Begrenzungen nicht unweigerlich ein Scheitern nach sich.

Das Mediationsverfahren Landwehrkanal ist beendet. Die Umsetzungsphase beginnt. Schwankender Boden für alle Beteiligten. Wenn alles gelingt, die Vereinbarung unterschrieben ist und vor allem deren Abschnitt 4 »Kommunikation und Beteiligung« – die Etablierung der kommunikativen Schnittstelle – von und in der Schifffahrtsverwaltung wirksam umgesetzt und somit Beteiligung auch in der Umsetzungsphase ermöglicht wird, dann kann es spannende Jahre der Kanalsanierung mit Beteiligung aller Betroffenen geben.

Darüber gäbe es dann wieder zu berichten.

Stand: November 2013

Rückbau eines Forschungsreaktors

Voraussetzungen für Bürger/innenbeteiligung am Beispiel des Dialogs um den Rückbau des Forschungsreaktors in Geesthacht

Silke Freitag

Bürger/innendialoge sind en vogue. Bei weitem nicht alle jedoch gelingen: Da verweigern Initiativen von Anbeginn einen angebotenen Dialog, weil sie ihn als »Beteiligungs-Farce« ansehen oder verlassen ein Dialog-Forum im Verlauf des Prozesses. Von Behörden und Unternehmen angebotene »Bürgerdialoge« sind leider in der Praxis zum Teil schlicht ein anderes Wort für einseitige »Bürger/inneninformation«.

In Geesthacht ist es dagegen gelungen, dass ein Betreiber im Rahmen eines freiwilligen Dialogs einvernehmlich mit Anwohner/innen sowie regionalen und überregionalen Anti-Atom-Initiativen einen Stilllegungsantrag gestellt hat und eine Übereinkunft über eine Zusammenarbeit mit einer kontinuierlichen Begleitgruppe geschlossen hat. Über Jahre sollen der Rückbau der Atomanlagen und der künftige Umgang mit dem Atommüll im Konsens vonstatten gehen. Wie kann so etwas gelingen?

Das freiwillige Angebot des Betreibers

Nachdem der Forschungsreaktor der ehemaligen GKSS (Gesellschaft für Kernenergieverwertung in Schiffbau und Schifffahrt) und heutigem Helmholtz-Zentrum Geesthacht (HZG) im Jahr 2010 abgeschaltet wurde, begannen die Vorbereitungen für einen Stilllegungsantrag. In diesem Zusammenhang wollte der Betreiber vor dem formalen Verfahren der Öffentlichkeitsbeteiligung eine öffentliche Informationsveranstaltung durchführen, in der einerseits über das geplante Vorgehen informiert und andererseits Fragen der Bürger/innen und der Bürger/inneninitiativen beantwortet werden sollten. Im Mai 2012 fragte das HZG mich aus diesem Grund als Moderatorin der Veranstaltung an.

Wie kam das HZG ausgerechnet auf mich? Drei Mitarbeiter/innen des HZG hatten zwei Jahre lang an der Universität Hamburg bei mir eine Ausbildung in »innerbetrieblicher Konfliktberatung und

186

Mediation« absolviert. Im Rahmen dieser Ausbildung hatten sie erlebt, dass ich ein Ausbildungsmodul kurzfristig an eine Kollegin abgegeben hatte, weil ich stattdessen die Sprecher/innen-Räte von Aktivist/innen von *X-tausendmal quer* in der Blockade des AKW Brokdorfs moderierte.

Die Vertreter/innen des HZG schrieben mir nun: »Wir möchten hiermit unsere offene Informationspolitik fortsetzen.« Ich habe diese Anfrage abgelehnt, weil ich einer Bürger/innenbeteiligung, die sich ausschließlich auf Information beschränkt, prinzipiell ablehnend gegenüber stehe.

Daraufhin äußerten die Initiator/innen ihr Bedauern und erläuterten genauer, was sie sich vorstellten: Sie hätten im Rahmen der Ausbildung bei mir und anderen Ausbilder/innen sehr viel gelernt und das habe ihnen »die Augen ein wenig geöffnet für die Welt, in der wir uns bewegen«. »Verstehen« sei für sie zu einem zentralen Begriff geworden, dem in der Vergangenheit nicht immer genug Bedeutung beigemessen wurde. *»Aber nun haben wir verstanden, dass unsere Veranstaltung im Herbst sich nicht auf das reine Informieren beschränken darf, sondern wir möchten verstehen, was die Menschen in unserer Region in Bezug auf unseren Forschungsreaktor und seinen Abbau in den kommenden Jahren interessiert/beängstigt/wütend macht und wir möchten gerne verstanden werden in dem, was wir für die kommenden Jahre planen, um aus unserer kerntechnischen Anlage eine ›grüne Wiese‹ zu machen.«* Auf dieser Basis kam es zu einem Gespräch zwischen mir und dem HZG, indem ich erläuterte, dass ich mir lediglich vorstellen könne, einen Dialog zwischen Anwohner/innen und Initiativen einerseits und dem HZG andererseits zu moderieren, der das Ziel hätte, im Rahmen der gesetzlichen Vorgaben zu einem *einvernehmlichen Konsens* zu gelangen. Außerdem müssten beide Seiten sich diesen Dialog wünschen. Die Geschäftsführung des HZG bat um Bedenkzeit – und sagte dann, dass sowohl die Geschäftsführung als auch der Reaktorleiter mit dem Ziel der einvernehmlichen Lösungssuche mit den Bürger/innen einverstanden seien und mich bitten würden, die Bereitschaft der Initiativen vor Ort zu klären.

Gelingensbedingung 0
Klärung der generellen Dialogbereitschaft, konsequente doppelte Richtung der Auftragsklärung von Anbeginn

Gelingensbedingung 1
Wahrnehmung
der Moderation als
allparteilich, Zustim-
mung beider Seiten
zur Person

Bei einem Treffen mit Vertreter/innen der örtlichen Initiativen wurde zweierlei deutlich: Zum einen große Skepsis und zum anderen der Wunsch, in einen Dialog auch über die »Altlasten« der langen Forschungsreaktortätigkeit zu sprechen, nämlich eine mögliche (Mit-)Verursachung des Kinderleukämie-Clusters rund um Geesthacht durch die Forschungsreaktoren der ehemaligen GKSS. Im Rahmen dieses Treffens wurde mir als Aktivistin der Anti-Atom-Bewegung das Vertrauen ausgesprochen, trotz einer 100%-Finanzierung meiner Tätigkeit durch das HZG ebenso parteilich für die Anwohner/innen und Initiativen zu agieren und mich nicht vom Betreiber zu manipulativen Zwecken »kaufen« zu lassen.

In Gesprächen mit einigen überregionalen Umweltverbänden wurde ebenfalls großes Misstrauen deutlich, aber es wurde auch der Wunsch geäußert zu schauen, ob denn tatsächliche Bürger/innenbeteiligung beim Thema »Atommüll« überhaupt möglich sei. Dazu müssten aber Veranstaltungen gemeinsam geplant und nicht vom HZG vorgegeben werden und es müsse sich erweisen, ob denn das HZG die Suche nach einem einvernehmlichen Konsens überhaupt ernst meine.

Ich hatte somit als Moderatorin einen – wenn auch den Umständen entsprechend fragilen – Auftrag beider Seiten vom Helmholtz-Zentrum Geesthacht und von den Bürger/inneninitiativen.

Das HZG bekundete die Bereitschaft, die »sachorientierten Diskussionen zum Leukämie-Cluster in der Elbmarsch wie bisher in vollem Maße« zu unterstützen, und verstehe den Dialogprozess als weitere Chance, »unbegründete Vorwürfe aus dem Raum zu schaffen«. Darüber hinaus wurde das Konzept der ersten öffentlichen Veranstaltung radikal verändert: Zum einen wurden sämtliche vom HZG angedachten Referate wieder verworfen und ausschließlich ein Sachstandbericht des Reaktorleiters eingeplant, zum anderen wurde viel Zeit eingeplant, um die Bürger/innen folgende Fragen beantworten zu lassen:

»Was brauche ich, um Vertrauen in den Prozess zu entwickeln?«
»Wo haben wir Informationsbedarf?«

»Worüber wünschen wir uns Transparenz?«
»Welche Probleme sehen wir?«
»Zu welchen Themen sollten Dialogveranstaltungen durchgeführt werden?«
»Was ist zur Vorbereitung kommender Veranstaltungen wichtig?«

In Anlehnung an die Begleitgruppe Asse II[99] schlug ich vor, perspektivisch eine Begleitgruppe zu initiieren, der jedoch statt einer »kritischen Begleitung« des Abbaus der Anlagen die Rolle der »aktiven Mitgestaltung« des Prozesses zukommen solle. Im Rahmen der ersten öffentlichen Veranstaltung im Oktober 2012 wurde gefragt, welche Personen sich vorstellen könnten, in einer Vorbereitungsgruppe für eine nächste öffentliche Veranstaltung mitzuarbeiten. Die Vorbereitungsgruppe bestand anfangs aus acht Personen: Mitgliedern der Geesthachter Ratsversammlung und Parteivertreter/innen von CDU, Grünen und der SPD, dem Vorsitzenden eines örtlichen Sportvereins, der Elterninitiative Geesthacht, Atomkraftgegner/innen (u.a. Lüneburger Aktionsbündnis gegen Atom) sowie Vertreter/innen von überregionalen Umweltorganisationen (BUND sowie Robin Wood).

Gelingensbedingung 2
Heterogene Zusammensetzung von Dialoggruppen, in denen die vielfältigen, teils gegensätzlichen Interessen, Bedürfnisse und Werte der Betroffenen repräsentiert sind.

Einige Personen und Initiativen (Bürgerinitiative gegen Leukämie in der Elbmarsch, AKW nee Bergedorf, Vertreter des Umweltbeirats) nahmen zwar an der öffentlichen Veranstaltung teil und bekundeten mir als Moderatorin gegenüber ihr prinzipielles Interesse, aber auch ihr Misstrauen. Sie wollten zwar informiert bleiben, aber erst einmal nicht in einer Vorbereitungsgruppe mitarbeiten. Sie fanden es überstürzt, dass das HZG den Stilllegungsantrag bereits im November stellen wolle, und sahen hierin keine echte Bürger/innenbeteiligung, weil zu der grundlegenden Frage »sofortiger Abbau oder temporärer (›sicherer‹) Einschluss« somit kein öffentlicher Diskurs stattfinden könne.

Alternativenvergleich statt umgehender Antragsstellung

Das HZG war von dem Wunsch einiger Initiativen, den sofortigen Abbau gegenüber dem temporären Einschluss vor Antragstellung sorgfältig abzuwägen und zu prüfen, überrascht und hatte

---

99 vgl. www.asse-2-begleitgruppe.de

an dieser Stelle nicht mit einem Dissens gerechnet, sondern den Wunsch nach direktem Abbau in der Bevölkerung als selbstverständlich vorausgesetzt.

Gelingensbedingung 3
Ausreichend Zeit für Diskurse einplanen und ggf. geplante Zeitabläufe gemeinsam verändern.

Was nun? In der ersten Sitzung der Dialoggruppe (Vertreter/innen des HZG und der Vorbereitungsgruppe) wurde gemeinsam vereinbart, dass die Antragsstellung verschoben werden solle. Beide Seiten einigten sich auf eine Antragstellung im Februar 2013 mit einer vorangegangenen weiteren öffentlichen Veranstaltung unter Beteiligung eines kritischen Gutachters.

In diesem Zusammenhang wurde deutlich, dass das HZG zwar geglaubt hatte, dass die Bürger/innenbeteiligung frühzeitig begonnen wurde (nämlich deutlich vor der gesetzlich vorgeschriebenen Frist), dass jedoch eigentlich erst Vereinbarungen zur Zusammenarbeit getroffen werden müssten und dann erst der inhaltliche Diskurs begonnen werden könne.

Auf beiden Seiten war eine gewisse Pionierstimmung wahrzunehmen, sodass auf der Basis des Selbstverständnisses des HZG, das im Dialog zu einvernehmlichen Lösungen gelangen wollte, vereinbart wurde, den zweiten Schritt vor dem ersten zu tun. Der Diskurs über Abbau versus Einschluss sollte zuerst geführt werden und erst in einem zweiten Schritt über die Konstituierung einer Begleitgruppe gesprochen werden. Das Selbstverständnis einer Begleitgruppe und die Grundzüge der Zusammenarbeit sollten danach formuliert werden.

Gelingensbedingung 4
Zeitnahe gemeinsam errungene Konsense, bei denen die »Machthabenden« von ihrer ursprünglichen Position abrücken und sichtbar Nachteile in Kauf nehmen.

In der zweiten und dritten Sitzung stießen dann Vertreter/innen der Gruppen hinzu, die anfangs aus Skepsis fern geblieben waren. Auf Nachfrage äußerten sie, dass die Verschiebung des Termins der Antragstellung und die damit verbundene Bereitschaft des HZG, zusätzliche Kosten in Kauf zu nehmen, sie überzeugt hätten, dass das HZG es ernst meine und trotz des Machtgefälles[100] an einem Dialog und einvernehmlicher Lösungsfindung interessiert sei.

---

[100] Zwischen HZG und Vorbereitungsgruppe, späterer Begleitgruppe besteht ein Machtgefälle: Das HZG und vor allem die Person des Reaktorleiters haben das Recht, allein zu entscheiden. Sie geben in diesem Dialogverfahren freiwillig Macht ab und suchen gemeinsam nach einvernehmlichen Lösungen.

Die Vertreter/innen des HZG und der Vorbereitungsgruppe (Dialoggruppe) einigten sich in einer ihrer ersten Sitzungen darauf, ihre Treffen nicht presseöffentlich durchzuführen. Zu den öffentlichen Veranstaltungen wurde die regionale sowie überregionale Presse explizit eingeladen.

Gelingensbedingung 5
Geschützter Rahmen durch den Ausschluss der Medien

Ebenso wurde vereinbart, die Ergebnisse und Vereinbarungen der Dialoggruppe in gemeinsamen Erklärungen zu veröffentlichen und die Öffentlichkeit immer wieder zu Rückmeldungen aufzufordern – über eine dafür eingerichtete E-Mail-Adresse.

Gelingensbedingung 6
Gemeinsame Öffentlichkeitsarbeit

Weitere Gruppen, die sich nicht an der Vorbereitungsgruppe beteiligten, wurden explizit von Mitgliedern der Vorbereitungsgruppe gefragt und eingeladen, hier insbesondere Vertreter/innen der Kirchengemeinden, die für die Angestellten des HZGs zuständige Gewerkschaft sowie Anti-Atom-Initiativen und Schüler/innenvertretungen. Hierbei wurde deutlich, dass diese Gruppen nicht aus Skepsis dem Prozess gegenüber fernblieben, sondern in der Regel wegen ihrer knappen zeitlicher Ressourcen.

An dieser Stelle sei angemerkt, dass sich unterschiedliche Sichtweisen nicht ausschließlich zwischen den Vertreter/innen des HZG und der Vorbereitungsgruppe abbildeten, sondern auch innerhalb dieser heterogen zusammengesetzten Begleitgruppe selbst. Die Begleitgruppe benötigt unabhängig vom Dialog mit dem Betreiber Zeit für einen Austausch untereinander und damit verbunden bedarf es zusätzlicher, unabhängiger Treffen, die ebenfalls moderiert werden.

Gelingensbedingung 7
Moderierte Treffen der Begleitgruppe

Im Januar 2013 wurden im Rahmen der nächsten öffentlichen Veranstaltung im HZG Details des Stilllegungsantrags im Hinblick auf technische und rechtliche Rahmenbedingungen, gutachterliche Verfahren sowie die Alternativenabwägung erörtert: einerseits vom Reaktorleiter und andererseits von einem gemeinsam von den Dialogpartnern benannten, vom HZG finanzierten Experten, Wolfgang Neumann.

Gelingensbedingung 8
Einvernehmliches Hinzuziehen von Expert/innen

191

Gelingensbedingung 9
Transparenz der Bewertungsgrundlagen: Vorträge, Gutachten zum Download zur Verfügung stellen

Über die Homepage des HZG konnte auch die nichtanwesende Öffentlichkeit die Folien zu den Vorträgen herunterladen. Im Anschluss an die öffentliche Veranstaltung verfasste Wolfgang Neumann ein Gutachten zur Frage »Abbau versus Einschluss« sowie zu anderen Fragen, die den Abbau betreffen. Hierzu fand ein Treffen zwischen der Dialog-Gruppe und dem Experten statt, um die Fragen zu stellen, und anschließend zwei Treffen zur Erläuterung des Gutachtens. Auch dieses wurde wiederum zum Download öffentlich zur Verfügung gestellt.

Auf der Basis dieses Austauschs wurde im März 2013 im Konsens beschlossen, den Stilllegungsantrag zum sofortigen Abbau zu stellen und die Option eines Teileinschlusses des Reaktorbeckens weiterhin mittels Gutachten durch einen Statiker prüfen zu lassen. Außerdem wurden relevante Themen für die Zukunft benannt: z.B. Lagerung der Abfälle, Konditionierung, Emission während des Abbaus, Freigabe der Abfälle.

Im Kontext des Dialogs ging es jedoch auch immer wieder um das wechselseitige Verständnis vom Symbolcharakter von Worten. In einer Presseerklärung heißt es deshalb beispielsweise: »*Als ein weiteres Ergebnis des gemeinsamen Dialogs verzichtet das HZG künftig auf den Begriff Rückbau zur ›Grünen Wiese‹. Diese Formulierung erweckt den falschen Eindruck, dass der Betrieb und Rückbau der Anlage keine Spuren hinterlasse. Es bleiben aber radioaktive Abfälle, die für lange Zeit Risiken darstellen und einen sicheren und verantwortungsvollen Umgang erfordern.*«

Vereinbarungen über die Zusammenarbeit

Gelingensbedingung 10
Klare schriftlich fixierte Vereinbarungen über die Zusammenarbeit

Im Frühjahr und Sommer 2013 beschäftigte sich die Dialoggruppe dann mit dem, was am Anfang eines jeden Dialog-Prozesses stehen sollte: der Formulierung der Leitlinien ihrer Zusammenarbeit. Das HZG und die Begleitgruppe formulierten jeweils ihr Selbstverständnis und gemeinsam verständigten sie sich in der Dialoggruppe auf die »Grundzüge der Zusammenarbeit«.

In diesen Grundzügen steht beispielsweise:

»Mitgestaltung und Konsens
Der Dialogprozess strebt an, im Konsens zwischen Begleitgruppe
und HZG unter Beachtung der gesetzlichen Rahmenbedingungen
einvernehmliche Lösungen zu entstehenden Anforderungen und
Maßnahmen zur Stilllegung des FRG1 sowie dem Abbau der kern-
technischen Anlagen des ehemaligen GKSS-Forschungszentrums zu
finden.«

Gelingensbedingung 11
Vereinbarung über
Entscheidungsfindung
im Konsens

Bedeutend an dieser Passage ist der erklärte Wille aller Beteiligten, konsensual zu arbeiten. Tatsächlich wurden die Entscheidungen in der Dialoggruppe ausschließlich im Konsens getroffen. Ein einziges Mal wurde bislang aus Zeitknappheit bei einem aus Sicht aller Beteiligten nicht so relevanten Punkt nach dem Mehrheitsprinzip abgestimmt.

Ein zweiter wichtiger Punkt ist die Anerkennung der Rahmenbedingungen dieses Dialogverfahrens: das Atomrecht. Immer wieder wurde im Rahmen des Dialogs geklärt, wer denn das Konfliktgegenüber ist: Wo ist das HZG das Konfliktgegenüber? Wo ist es die Atomaufsicht Schleswig-Holsteins oder die Bundesregierung als gesetzgebende Instanz?
Der Dialog bewegt sich in einem gesellschaftlichen Kontext und einige der Probleme können nicht in Geesthacht, sondern nur gesamtgesellschaftlich geklärt werden.

Gelingensbedingung 12
Bewusstsein aller
Beteiligten über den
Handlungsspielraum
mit seinen Beschränkungen durch Gesetzgebung oder andere
Rahmenbedingungen

So schreibt die Begleitgruppe in ihrem Selbstverständnis:

»Die Begleitgruppe ist sich bewusst, dass sie in dem Dialog mit dem
HZG über die Stilllegung der Atomanlagen und den Umgang des
dabei anfallenden Atommülls eine hohe gesellschaftliche Verant-
wortung übernimmt. Nicht nur mit Blick auf die Region rund um
Geesthacht, sondern auch für den verantwortungsvollen Umgang
mit den Folgen der Atomenergie insgesamt. Insofern begreift sich
die Begleitgruppe auch als Teil der gesellschaftlichen Debatte über
einen verantwortungsvollen und einvernehmlichen Umgang mit
den Folgen der Atomenergie. Denn die Frage, wo und wie der beim
Rückbau der Atomanlagen der ehemaligen GKSS anfallenden
radioaktiven Abfälle dauerhaft sicher gelagert werden kann, kann

nicht allein in Geesthacht beantwortet werden. Dazu braucht es einen gesellschaftlichen Konsens!«

Diese gesellschaftliche Verantwortung haben jedoch nicht nur die Mitglieder der Begleitgruppe: Die Verantwortung haben alle Beteiligten – die initiierenden »Machthabenden« ebenso wie nicht zuletzt auch wir Moderator/innen!

Zwischenfazit der Beteiligten

Ich habe den Dialog beschrieben und versucht, übertragbare Gelingensbedingungen aus dem Prozess abzuleiten. Die Bewertung dieses Dialogs möchte ich den Beteiligten abschließend selbst überlassen:

Dr. Bernd Redecker (Lüneburger Aktionsbündnis gegen Atom) zieht folgendes Zwischenfazit: *»Nach einem Jahr HZG-Dialog sehe ich den größten Erfolg darin, dass ein Atomanlagen-Betreiber ein Dialog-Angebot macht und auch kritische Anti-Atom-Initiativen, wie wir vom LAgA, dieses als echte Möglichkeit der Beteiligung interpretieren und auf das Angebot eingehen können. Bei aller gebotenen Skepsis erlebe ich die Arbeit in der Begleitgruppe als einen spannenden Versuch vorzumachen, wie Bürger/innenbeteiligung beim Reaktorrückbau laufen sollte. Inhaltlich geht es aus meiner Sicht dabei auf der einen Seite um die größte mögliche Sicherheit beim »Aufräumen« im gegenständlichen Sinne und auf der anderen Seite um den Versuch, auch mit historischen Annahmen aufzuräumen, um Klarheit über mögliche militärische Forschung, Störfälle oder Mitverursachung des Leukämie-Clusters zu bekommen.«*

»Ich bin froh, dass mit diesem Dialogprozess ein Weg eröffnet worden ist, die Vergangenheit der auch umstrittenen Forschungstätigkeiten der ehemaligen GKSS zu erhellen. Ich hoffe, dass das gemeinsame Ringen um den bestmöglichen und sichersten Umgang mit den prekären Hinterlassenschaften gelingt«, sagt Bettina Boll, grüne Ratsfrau aus Geesthacht.

Dr. Iris Ulrich, Leiterin der Abteilung »Programmplanung und Controlling« am Helmholtz-Zentrum Geesthacht sagt: *»Für uns steht bei diesem Dialog das gegenseitige Verstehen ganz vorne.*

194

Durch die Gespräche mit der Begleitgruppe haben wir verstanden, wo Klärungsbedarf besteht, und wo die Sorgen der umliegenden Anwohner und mögliche Konflikte des Stilllegungsprozesses sind oder sein können. Ich finde es großartig, dass dieses Verstehen nicht nur ein einseitiger Prozess ist, sondern dass durch den transparenten Dialog viele Klarheiten geschaffen werden konnten, was unsere kerntechnische Anlage und den bevorstehenden Abbau angeht.«

Karl-Hermann Rosell, CDU-Ratsherr in Geesthacht, benennt die Herausforderungen des Dialogs: »*In den Sitzungen fühle ich mich schon manchmal als Konfliktpartei: Da sind jahrelang geschulte Gegner, Redner, die schon öfters mal die Grenzen des Umgangs hart strapazieren und auch überschreiten. Die Ansprüche an die Moderation erfordern eher eine Mediatorin. Den Konsens zu erreichen, dazu braucht es viel Geduld, Ausdauer und Geschick – ich würde sagen, zwischen drei Fronten: den Betreibern, den harten Gegnern und den Bewohnern, die den Rückbau im Auge haben und begleiten wollen, ohne große Emotionen.*«

»*Ich finde es faszinierend, wie trotz unterschiedlicher politischer und fachlicher Hintergründe innerhalb der Begleitgruppe und im Dialog mit dem HZG im Laufe des Prozesses immer mehr Verständnis für die Positionen des Anderen entstanden ist. Oftmals sind es sprachliche Feinheiten, die eine intensive Auseinandersetzung erfordern. Ein ausreichender Zeitrahmen in Verbindung mit dem starken überwiegend ehrenamtlichen Engagement der Begleitgruppe war deshalb aus meiner Sicht wichtig für den bisherigen erfolgreichen Prozess. Im Laufe des Dialoges ist dabei mehrmals deutlich geworden, dass im Rahmen der gesetzlichen Bedingungen alle Beteiligten an einem Strang ziehen: Sicherheit steht dabei stets an oberster Stelle*«, so Dr. Torsten Fischer, Leiter der Abteilung »Presse- und Öffentlichkeitsarbeit« am Helmholtz-Zentrum Geesthacht.

Michael Behrendt aus dem Umweltbeirat der Stadt Geesthacht sagt: »*Ich habe meine Skepsis gegenüber den Betreibern von Atomanlagen nicht aufgegeben und durch blindes Vertrauen ersetzt, sehe jedoch mit dem HZG die Chance, eine offene Diskussion auf Augenhöhe zu führen, da der Gesprächspartner als staatliche Forschungseinrichtung zum einen selbst Interesse an einem ge-*

sellschaftlichen Konsens hat und zum anderen nicht kommerzielle Interessen im Vordergrund stehen. Zudem habe ich durch die bisherige Arbeit Vertrauen in die Personen der Dialoggruppe (HZG, wir (= die Begleitgruppe, S.F.), Moderation) gefasst und gehe von einem aufrichtigen und ehrlichen Miteinander aus.«

»Am meisten hat mich bis jetzt beeindruckt, wie Menschen mit so verschiedenen Grundeinstellungen partnerschaftlich ein solches Projekt begleiten«, resümiert Jörg Kunert aus der Begleitgruppe das erste Jahr des gemeinsamen Wegs.

Der Dialog-Prozess befindet sich nach einem Jahr noch am Anfang. Angelegt ist er für die gesamte Dauer des Abbaus der Anlagen: also für mindestens zwölf Jahre.

Stand: Herbst 2013

Danksagung

Zum Schluss möchte ich allen Menschen, die dieses Buchprojekt möglich gemacht und dabei mitgewirkt haben, ein herzliches Dankeschön sagen!

Es sind dies:

- Die Autor/innen der Fallbeispiele, die anschaulich aufgezeigt haben, wie politische Mediation in der Praxis funktioniert und aussehen kann:

  Susanne Rynesch, Reinhard Sellnow, Maurus Büsser und Emanuel Wassermann, Brigitte Gans, Thomas Flucher und Beat Stocker, Roland Schüler, Doris Fortwengel und Silke Freitag

- Sascha Boettcher für seinen Gastbeitrag über den »Blick auf Konflikte und Mediation aus der Sicht von Politik und Verwaltung«

- Die Mitwirkenden der Fachtagung »Vermittlung in politischen Konflikten« am 17.-18.4.2012 in Stuttgart, die durch ihre Arbeitsergebnisse das Fundament für diese Veröffentlichung gelegt haben.

- Die kritische Durchsicht der Texte und das Korrekturlesen durch Rebecca Singler, Katty Nöllenburg und das Institut für Konfliktaustragung und Mediation (ikm)

- Die Stiftung Mitarbeit, die dieses Buchprojekt durch Beratung, Layout und Druck möglich gemacht hat.

- Die Aktionsgemeinschaft Dienst für den Frieden (AGDF), die das Projekt finanziell förderte.

- Die Werkstatt für Gewaltfreie Aktion, Baden, die mir den Freiraum zur Arbeit an diesem Buch gegeben hat.

Freiburg im April 2014

Christoph Besemer

Literatur und Medien

Azad, Sosan/Wietfeld, Doris: Das Mediationsverfahren Admiral-brücke in Berlin. In: Siegfried Rapp (Hrsg.): Mediation – Kompetent . Kommunikativ . Konkret, Band 2, winwin verlag, Ludwigsburg 2012, S. 99–111

Besemer, Christoph: Konflikte verstehen und lösen lernen, Gewaltfrei Leben Lernen e.V., Karlsruhe 1999

Besemer, Christoph: Mediation. Die Kunst der Vermittlung in Konflikten, Gewaltfrei Leben Lernen e.V., Karlsruhe 2009

Besemer, Christoph: Stuttgart 21: Frieden durch Schlichtung? In: Perspektive Mediation. Beiträge zur Konfliktkultur, 1/2012, ISSN 1814-3895, S. 28–32

Büsser, Maurus/Wassermann, Emanuel: Zwei-Kreis-Modell als Erfolgsfaktor. Mediation im öffentlichen Bereich. In: Perspektive Mediation 3/2011, ISSN 1814-3895, S. 145–148

Fischer, Corinna/Schophaus, Malte/Trénel, Matthias/Wallentin, Annette: Die Kunst, sich nicht über den Runden Tisch ziehen zu lassen. Ein Leitfaden für Bürger/inneninitiativen in Beteiligungsverfahren, hrsg. von der Stiftung Mitarbeit, Bonn 2003

Fisher, Roger/Ury, William: Das Harvard-Modell. Sachgerecht verhandeln – erfolgreich verhandeln, Campus Verlag, Frankfurt a.M. – New York 1984

Glasl, Friedrich: Konfliktmanagement. Ein Handbuch zur Diagnose und Behandlung von Konflikten für Organisationen und ihre Berater, Bern/Stuttgart 1992 (3. Aufl.)

Graswurzelrevolution. Für eine gewaltfreie, herrschaftslose Gesellschaft: Verschiedene Artikel über Mediation in den Ausgaben 373 (November 2012), 374 (Dezember 2012) und 375 (Januar 2013), ISSN 0344/2683

König, Ursula: Mediation in einem komplexen Umfeld. Erfahrungen und Lessons learnt am Beispiel Mediation Flughafen Wien. In: Perspektive Mediation 2/2007, ISSN 1814-3895, S. 78–83

König, Ursula/ Wassermann, Emanuel/Büsser, Maurus: Was macht Beteiligungsverfahren zu Mediation? In: Perspektive Mediation 4/2012, ISSN 1814-3895, S. 222–227

Patfoort, Pat: Sich verteidigen ohne anzugreifen. Die Macht der Gewaltfreiheit, Gewaltfrei Leben Lernen e.V. Karlsruhe 2008

Renn, Ortwin/Benighaus, Christina: Mediationsverfahren: Aufbau, Chancen und Grenzen. In: Rapp, Siegfried (Hrsg.): Mediation – Kompetent . Kommunikativ . Konkret, Band 2, winwin verlag, Ludwigsburg 2012, S. 130–153

Richter, Judith: Dialog oder Konsensfabrikation? Chancen und Risiken von Gesprächen mit der Industrie. Ein Leitfaden für kritische Gruppen, BUKO Pharma-Kampagne, Oktober 1999. E-mail: bukopharma@comuserve.com, Internet: www.epode/bukopharma

Richter, Judith/Schaaber, Jörg: Checkliste zu Unternehmensdialogen, BUKO Pharma-Kampagne, 1999. E-mail: bukopharma@compuserve.com, Internet: www.epode/bukopharma

Schellhorn, Maja: Notizen über eine Kleingruppenarbeit bei der Stuttgarter Tagung »Vermittlung in politischen Konflikten«, 17.–18. April 2012 (Manuskript)

Schüler, Roland/Besemer, Christoph: Vermittlung in politische Konflikten – Anforderungsprofil für Dialoge am »Runden Tisch«, Ergebnispapier der Stuttgarter Fachtagung am 17.–18. April 2012

Stiftung Mitarbeit, Ley, Astrid/Weitz, Ludwig (Hrsg.): Praxis Bürgerbeteiligung. Ein Methodenhandbuch, Verlag Stiftung Mitarbeit, Bonn 2009 (3. Aufl.)

Strategiegruppe Partizipation: Arbeitsblätter zur Partizipation, hrsg. vom Bundesministerium für Land- und Forstwirtschaft, Umwelt und Wasserwirtschaft und der Österreichischen Gesellschaft für Umwelt und Technik (ÖGUT), ISBN 978-3-9503409-0-7, Wien 2012, online unter www.partizipation.at/handbuch_ab.html

Werkstatt für Gewaltfreie Aktion, Baden (Hrsg.): Konsens. Handbuch zur gewaltfreien Entscheidungsfindung, Gewaltfrei Leben Lernen e.V., Karlsruhe 2004

Mitschnitt der Stuttgarter Fachtagung (1. Tag) auf CD (MP3-Datei) erhältlich bei Stiftung Mitarbeit (und Werkstatt für Gewaltfreie Aktion, Baden)

Autorinnen und Autoren

Christoph Besemer
Dipl.-Politologe, Mediator und Ausbilder für Mediation BM (Bundesverband Mediation), Moderator und Fortbilder für konsensorientierte Moderation, Fachbuch-Autor

Seit 1985 Mitarbeiter der Werkstatt für Gewaltfreie Aktion, Baden / Gewaltfrei Leben Lernen e.V. (www.wfga.de), Mitbegründer der Gemeinwesen-Mediationsstelle KoKo - Konstruktive Konfliktbearbeitung in Stadtteil und Nachbarschaft e.V. (www.koko-freiburg.de), Freiberufliche Tätigkeit: Projekt Mediation (www.projekt-mediation-freiburg.de), Gründungsmitglied des Netzwerks MediationsAllianz Baden-Württemberg 2011 (www.mediationsallianz.de)

E-Mail: christoph.besemer@wfga.de, projekt.mediation@web.de

Sascha Boettcher, LL.M.
Mediator (BM), Rechtsanwalt, Systemischer Berater, Schwerpunkte u.a. Konzeption und Moderation von Beteiligungsverfahren, Öffentlichkeitsbeteiligung und Dialogverfahren in Genehmigungsverfahren, Beratung von Unternehmen (u.a. Energiebranche), öffentliches Recht mit dem Schwerpunkt Energie-, Bau-, Planungsrecht, Mediation im Planen und Bauen,

E-Mail: mediation@sascha-boettcher.eu

Maurus Büsser
Dr. oec. HSG, Dozent für Betriebswirtschaft, Mediator SDM. Generalsekretär im Departement Bau, Verkehr und Umwelt des Kantons Aargau. Schwerpunkte in der Mediation: Wirtschaft und öffentlicher Bereich. Mitbegründer Energie Trialog Schweiz.

E-Mail: maurus_buesser@bluewin.ch

Thomas Flucher
Dipl. Ing. ETH, Mediator und Organisationsberater, Supervisor und Ausbildner, u.a. Lehrgangsleiter CAS Mediation Universität Freiburg CH und Gastreferent in »Klärungshilfe für Mediatoren« von A. Kunzmann. Arbeitsbereiche: Konfliktlösung und Teamentwicklung, in und zwischen Organisationen, in der Wirtschaft und im öffentlichen Bereich. Meine Passion: Menschen zu unterstützen, aus schwierigen Situationen mit Kreativität wieder herauszufinden. Gründer der Firma KoMeT, Sempach Station (CH).

E-Mail: flucher@komet-beratung.ch

Doris Fortwengel
Dipl.-Ing. Architektin, Mediatorin und als Charrette Managerin ausgebildet am NCI in Vancouver, Mitglied in der Architektenkammer Berlin als auch beim Bundesverband Mediation e.V.

Als Architektin zahlreiche Aus- und Umbauten, eines der komplexesten Projekte war das Künstlerselbsthilfeprojekt »Kule« in Berlin. Unter anderem auch Teilnehmerin am Mediationsverfahren »Admiralbrücke« und des Verfahrens zum Landwehrkanal. Fortbildung in Mediation und zur Charrette Managerin. 2013 Gründung der Plattform »Omnikraten« für Bürgerbeteiligung mit zwei Partnern.

E-Mail: df@omnikraten.org

Silke Freitag
Dipl.-Sozialpädagogin, Dipl.-Psychologin, MediatorinBM und AusbilderinBM

seit 1995 freiberufliche Tätigkeit als Organisationsberaterin und Mediatorin für Unternehmen, Non-Profit-Organisationen sowie in öffentlichen Beteiligungsverfahren; Dozentin in den Bereichen Konfliktmanagement, Kommunikation und Mediation; Leitung von Mediationsausbildungen am Institut für Konfliktaustragung und Mediation (ikm) sowie an der Universität Hamburg.

Mit Leidenschaft unterstütze ich Menschen in hocheskalierten Situationen, ihre vermeintlichen Gegner zu verstehen, ohne mit ihnen einverstanden zu sein und auf dieser Basis gemeinsam den bestmöglichen Weg für die Zukunft zu finden.

E-Mail: mail@scfreitag.de

Brigitte Gans
Dipl.Geografin, Mediatorin (BM, NCRC) mit Schwerpunkt Konflikte im öffentlichen Bereich und am Arbeitsplatz, Ausbilderin für Mediation zertifiziert vom Bundesverband Mediation BM, Systemische Supervisorin DGSF, Moderatorin, Dozentin an der Universität Passau, Erlangen und der EBS Universität für Wirtschaft und Recht. Trainerin in zahlreichen Mediationslehrgängen, u.a. an der IHK München und Frankfurt. Leitung der Regionalgruppe München im BM.

E-Mail: gans@cfmm.de, www.cfmm.de

Susanne Rynesch
ist Obfrau der Österreich-Plattform Fluglärm. Sie hat am Mediationsverfahren Flughafen Wien bis zum Abschluss teilgenommen und arbeitet seither im Dialogforum mit.

E-Mail: rynesch@utanet.at

Roland Schüler
Geschäftsführer des Friedensbildungswerks Köln und anerkannter Mediator BM (Bundesverband Mediation) und Ausbilder für Mediation BM.

In der Kommunalpolitik ist er seit 1989 tätig, seit 2009 stellvertretender Bürgermeister im Stadtbezirk Köln-Lindenthal mit 130.000 Einwohner/innen. Sein besonderes Interesse gilt der politischen Mediation, der Mediation im Planen und Bauen und der Mediation in ziviler Konfliktbearbeitung.

E-Mail: fbkkoeln@t-online.de

Reinhard Sellnow
Volkswirt, Stadtplaner, Moderator und Mediator

Schwerpunkte u.a.: Seminare und Trainings im Bereich Bürger/innenbeteiligung, Moderation und Mediation, Beratung und Coaching von Führungskräften in Wirtschaft, Politik und Verwaltung, Durchführung von Moderations- und Mediationsverfahren, Durchführung von Bürger/innenforen, Zukunftskonferenzen und –werkstätten, vernetztes Denken, kreative Lösungssuche u. Entscheidungsfindungsverfahren, Organisation und Durchführung von Tagungen

E-Mail: reinhard@sellnow.de

Beat Stocker
Mediator, Klärungshelfer und Organisationsberater, verschiedene Mandate im öffentlichen Bereich und in Non-Profit-Organisationen, Partner der Firma KoMeT in Sempach Station (CH), langjährige Erfahrung als Wirtschaftsinformatiker in eigener Firma. Arbeitsschwerpunkte: Konfliktlösung und Konfliktklärung im privaten, beruflichen und öffentlichen Bereich. Tägliche Motivation: Etwas in Gang bringen sprengt nicht nur den durch die Konflikte einengenden Rahmen, es mobilisiert auch gleichzeitig und sofort neue Kräfte.

E-Mail: stocker@komet-beratung.ch

Emanuel Wassermann
Dipl. Bauingenieur ETH, dipl. Bergführer, Mediator SDM, Organisationsberater BSO. Mediator und Organisationsentwickler mit Schwerpunkten im öffentlichen Bereich und in der Wirtschaft. Mitbegründer und Teilhaber von TopikPro – Unternehmen für Veränderungsprozesse und Mediation.

Seit 1996 Durchführung komplexer Mediationen bei öffentlichen Planungen sowie von Partizipationsverfahren. Seit 2005 für Unternehmen und Organisationen bei Arbeitsplatzkonflikten zwischen Einzelpersonen, Gruppen und Teams tätig.

E-Mail: wassermann@topikpro.ch

Werkstatt für
Gewaltfreie Aktion
Baden

Die Werkstatt für Gewaltfreie Aktion, Baden, 1984 gegründet, ist ein Projekt aus der Friedens- und Ökologiebewegung. Ihr Ziel ist es, Gewalt in all ihren Erscheinungsformen aufzudecken, bewusst zu machen und abzubauen und ihr das Prinzip der Gewaltfreiheit entgegenzusetzen. Dazu soll sowohl der persönliche Lebensstil als auch die politische Kultur in Richtung auf eine gewaltfreie, herrschaftslose und nicht-patriarchale Gesellschaft verändert werden.

Zur Zeit gehören ihr zwei hauptamtliche und rund ein Dutzend freie MitarbeiterInnen an. Darüber hinaus gibt es den Trägerverein „Gewaltfrei Leben Lernen", der die Arbeit der Werkstatt inhaltlich begleitet und finanziell trägt.

Die Werkstatt führt Seminare, Veranstaltungen und Trainings in gewaltfreier Aktion, zu Kampagnen, Zivilcourage, Konsens, Mediation, konstruktiver Konfliktaustragung und anderen Themen wie Macht, Boykott und Alternativen zu Krieg und Militär durch. Zudem bietet sie Fort- und Weiterbildungen an – u.a. Kurse in Zivilcourage, Moderation & Konsens sowie Mediation.

Aktuelle Veranstaltungs-Angebote können auch der Homepage entnommen werden: www.wfga.de
Weitere Informationen sind erhältlich bei:

Werkstatt für Gewaltfreie Aktion, Baden
Büro Heidelberg: Am Karlstor 1, 69117 Heidelberg
Tel. (0 62 21) 16 19 78
E-Mail: buero.heidelberg@wfga.de

Büro Freiburg: Vaubanallee 20, 79100 Freiburg
Tel. (07 61) 4 32 84
E-Mail: buero.freiburg@wfga.de

Veröffentlichungen

Mediation ist ein Verfahren zur Lösung schwieriger Konflikte mittels unabhängiger, allparteilicher VermittlerInnen. Das im Jahr 1993 erschienene Grundlagen-Buch des Autors wurde in kürzester Zeit zum Standardwerk. Die überarbeitete und ergänzte neue Fassung informiert umfassend über die Grundlagen, das Verfahren und das Handwerkszeug der Mediation.

Besemer, Christoph: Mediation. Die Kunst der Vermittlung in Konflikten. Karlsruhe 2009, 233 S., ISBN 3-930010-10-0

Mit zahlreichen Beispielen aus Partnerschaft, Familie, Schule, Beruf, Öffentlichkeit, Innen- und Weltpolitik zeigt das Buch von Pat Patfoort, wie Konflikte im herkömmlichen »Mehr-Minder-Modell« zu immer mehr Gewalt führen und wie durch ein »Gleichrangigkeits-Modell« eine gewaltfreie Lösung möglich wird. Mit praktischem Übungsteil für Einzelpersonen und Gruppen.

Patfoort, Pat: Sich verteidigen ohne anzugreifen. Die Macht der Gewaltfreiheit. Karlsruhe 2008, 418 S., ISBN 3-930010-09-7

Das Handbuch zeigt, wie Entscheidungsfindung ohne Verlierer praktisch gelingen kann. In kurzen Abschnitten wird das Konsensverfahren und seine Anwendung beschrieben – für Kleingruppen wie auch für Großgruppen bis zu mehreren Tausenden. Darüber hinaus gibt es einen Methodenteil, Erfahrungsberichte und die Diskussion politischer und gesellschaftlicher Aspekte.

Sahler, Bernd/ Besemer, Christoph: u.a.: Konsens – Handbuch für gewaltfreie Entscheidungsfindung. Karlsruhe 2004, 218 S., ISBN 3-930010-07-0

Den Zusammenhang zwischen Konflikt und Gewalt hat die belgische Konflikttrainerin Pat Patfoort in einem einfachen Modell anschaulich aufgezeigt und daraus gewaltfreie Alternativen entwickelt. Der Autor stellt dieses Modell vor und erweitert es, indem er verschiedene Formen von Macht genauer unterscheidet. Ein wichtiger Impuls für alle »Konfliktlöser/innen« und »soziale Aktivist/innen«.

Besemer, Christoph: Konflikte verstehen und lösen lernen. Ein Erklärungs- und Handlungsmodell zur Entwurzelung der Gewalt nach Pat Patfoort Karlsruhe 1999, 142 S., ISBN 3-930010-06-2

Bestellung über Werkstatt für Gewaltfreie Aktion, Baden, Buchversand · Alberichstr.9 · 76185 Karlsruhe · Tel.(07 21) 9 52 98 55 · E-Mail: buero.karlsruhe@wfga.de

Stiftung Mitarbeit

Idee und Auftrag

Ziel der Stiftung Mitarbeit ist es, die Demokratie-Entwicklung von unten zu fördern. Sie möchte Menschen ermutigen, Eigeninitiative zu entwickeln und sich an der Lösung von Gemeinschaftsaufgaben zu beteiligen. Nur wenn möglichst viele Bürgerinnen und Bürger in unserer Gesellschaft bereit sind, sich einzumischen und demokratische Mitverantwortung zu übernehmen, kann Demokratie lebendig werden.

Seit 1963 unterstützt die Stiftung Mitarbeit bürgerschaftliches Engagement und Selbsthilfeaktivitäten in unterschiedlichen Handlungsfeldern. Die besondere Aufmerksamkeit gilt der Förderung der Selbstbestimmungskompetenz der Betroffenen, den Teilhaberechten von Schwächeren und der Stärkung der demokratischen Mitverantwortung auf allen Ebenen.

Als bundesweite Informations- und Arbeitsstelle fördert die Stiftung Mitarbeit Bürgerinitiativen und selbstorganisierte Projekte durch:

* Publikationen und Öffentlichkeitsarbeit
* Fachtagungen, Methoden- und Bestellseminare
* Projekte und Modellvorhaben
* Beratungsangebote für Initiativen und politische Organisationen
* bundesweite Förderung von Vernetzungs- und Kooperationsprojekten
* Starthilfeförderung für neue Initiativen

Mit dem Internetportal »Wegweiser Bürgergesellschaft« (www.buergergesellschaft.de) wendet sich die Stiftung Mitarbeit an Initiativen, Projekte, Non-Profit-Organisationen, Wissenschaft und Politik wie auch an Bürger/innen, die sich bürgerschaftlich engagieren wollen. Der Wegweiser informiert Interessierte über

Möglichkeiten des Engagements in der Bürgergesellschaft, Praxishilfen und Unterstützungsmöglichkeiten. Zugleich erleichtert der Wegweiser den Erfahrungsaustausch und die Kooperation zwischen zivilgesellschaftlichen Netzwerken.

Als Fachinstanz für Bürgerbeteiligung engagiert sich die Stiftung Mitarbeit bei der Entwicklung, Durchführung und Auswertung von beispielhaften Verfahren und Projekten der Bürgermitwirkung: Bürgerinnen und Bürger sollen zur aktiven politischen Teilnahme angeregt und der Dialog und Meinungsaustausch zwischen politischen Entscheidungsträgern und unterschiedlichen gesellschaftlichen Gruppen gefördert werden.

Auf Initiative der Stiftung Mitarbeit hat sich das bundesweite Netzwerk Bürgerbeteiligung (www.netzwerk-buergerbeteiligung.de) gegründet. Das Netzwerk arbeitet daran, der Partizipation der Bürger/innen in Deutschland dauerhaft mehr Gewicht zu verleihen. Die Netzwerker/innen entwickeln Ideen für zukunftsweisende Initiativen und Maßnahmen und setzen sie um.

Zur Finanzierung ihres Programms erhält die Stiftung einen Zuschuss aus öffentlichen Mitteln (Bereich politische Bildung), der laufend durch Eigenwirtschaftsmittel, Spenden und Projektmittel ergänzt wird.

Gegründet wurde die Stiftung Mitarbeit von engagierten Persönlichkeiten aus Wissenschaft, Politik und Wirtschaft mit zum Teil sehr unterschiedlichen politischen Überzeugungen. Diese parteipolitische Unabhängigkeit ist auch heute noch ein Grundpfeiler unserer Arbeit.

Publikationen der Stiftung Mitarbeit

I. Beiträge zur Demokratieentwicklung von unten

Nr. 5: **Beauftragte in Politik und Verwaltung**
1993, 168 S., ISBN 978-3-928053-27-3

Nr. 14: **Direkte Demokratie in der Kommune.**
Zur Theorie und Empirie von Bürgerbegehren
und Bürgerentscheid.
2000, 307 S., ISBN 978-3-928053-65-5

Nr. 16: **Die Karlsruher Republik.** *Der Beitrag des Bundesverfas-*
sungsgerichtes zur Entwicklung der Demokratie und zur
Integration der bundesdeutschen Gesellschaft.
2000, 164 S., ISBN 978-3-928053-67-9

Nr. 19: **Geschlechterdemokratische Beteiligung im Rahmen**
kommunaler Sozialplanung.
2003, 280 S., ISBN 978-3-928053-80-8

Nr. 20: **Die soziale Stadt.**
Chancen für die Gemeinwesenentwicklung.
2004, 110 S., ISBN 978-3-928053-88-4

Nr. 21: **E-Partizipation.** Beteiligungsprojekte im Internet.
2007, 320 S., ISBN 978-3-928053-93-8

Nr. 22: **Regionalisierung und Partizipation.**
Eine Untersuchung am Beispiel der Städteregion Ruhr und
der Region Braunschweig.
2007, 272 S., ISBN 978-3-928053-94-5

Nr. 23: **Nachhaltigkeit von Zukunftswerkstätten**
2009, 314 S., ISBN 978-3-941143-01-2

Nr. 24: **Freiwilliges Engagement von**
Flüchtlingen und für Flüchtlinge
2010, 132 S., ISBN 978-3-941143-05-0

Nr. 25: **Die Zukunft der Bürgerbeteiligung**
2011, 292 S., ISBN 978-3-941143-10-4

Nr. 26: **Teilhaben und Mitgestalten.**
Beteiligungskulturen in Deutschland, Österreich und der
Schweiz
2014, 112 S., ISBN 978-3-941143-18-0

II. Brennpunkt-Dokumentationen zu Selbsthilfe & Bürgerengagement

Nr. 34: **Wozu Freiwilligen-Agenturen?** Visionen und Leitbilder. Beiträge zu einer Fachtagung.
1999, 128 S., ISBN 978-3-928053-62-4

Nr. 36: **Freiwilligenagenturen, Stiftungen und Unternehmen.** Modelle für neue Partnerschaften. Beiträge zu einer Fachtagung.
1999, 120 S., ISBN 978-3-928053-68-6

Nr. 37: **Was die Welt im Innersten zusammenhält.**
Ehrenamtliche Arbeit von Frauen. 2000, 220 S., ISBN 978-3-928053-69-3

Nr. 39: **Handbuch Unternehmenskooperation.** Erfahrungen mit Corporate Citizenship in Deutschland.
2001, 192 S., ISBN 978-3-928053-75-2

Nr. 41: **Kompetenwerkstatt.** Förderung von Kindern und *Jugendlichen. 2004, 80 S., ISBN 978-3-928053-86-0*

Nr. 42: **Erfolgsgeschichten der Gemeinwesenarbeit.**
2005, 172 S., ISBN 978-3-928053-91-4

Nr. 42: **Mitmachen – Mitgestalten – Mitentscheiden.**
2008, 140 S., ISBN 978-3-928053-97-6

III. Arbeitshilfen für Selbsthilfe- und Bürgerinitiativen

Nr. 5: **Eine Veranstaltung planen.** Tipps und Anregungen.
2006, (6. überarb. Auflage), 52 S., ISBN 978-3-928053-22-8

Nr. 10: **Die mit den Problemen spielen ...** Ratgeber zur kreativen Problemlösung.
2008 (8. überarb., erw. Aufl.), 98 S., ISBN 978-3-928053-38-9

Nr. 22: **Wege aus der Gewalt.** Trainingshandbuch für Multiplikator/innen in der Jugendarbeit.
2003 (2. Aufl.), 102 S., ISBN 978-3-928053-71-6

Nr. 23: **In guter Gesellschaft.** Szenarien aus Selbsthilfe und Bürgerengagement.
2001, 144 S., ISBN 978-3-928053-73-0

Nr. 24: **Arbeitshilfe Bürgerbegehren und Bürgerentscheid.** Ein Praxisleitfaden.
2005 (2. Aufl.), 62 S., ISBN 978-3-928053-74-7

Nr. 25: **Projekte überzeugend präsentieren.** So vermitteln Sie Ihr Anliegen klar und einprägsam.
2009 (4. Aufl.), 78 S., ISBN 978-3-928053-76-1

Nr. 26: **Was geht?!** Probleme lösen, mehr Durchblick bekommen, Projekte machen. In Kooperation mit profondo, Beratungsbüro für Jugend, Europa, Bildung.
2007 (2. Aufl.), 155 S., ISBN 978-3-928053-77-8

Nr. 27: **Virtuelle Netze nutzen lernen.** Der Weg zu einem erfolgreichen Internet-Auftritt.
2003, 64 S., ISBN 978-3-928053-79-2

Nr. 28: **Die Kunst, sich nicht über den Runden Tisch ziehen zu lassen.** Ein Leitfaden für Bürger/innen-initiativen in Beteiligungsverfahren.
2003, 112 S., ISBN 978-3-928053-81-5

Nr. 29: **Handbuch Aktivierende Befragung.** Konzepte, Erfahrungen, Tipps für die Praxis.
2007 (2. Aufl.), 244 S., ISBN 978-3-928053-82-2

Nr. 30: **Praxis Bürgerbeteiligung.** Ein Methodenhandbuch.
2009 (3. Aufl.), 312 S., ISBN 978-3-928053-84-1

Nr. 31: **Fundraising als Chance.** Arbeitshilfe zur Mittelbeschaffung und Organisationsentwicklung in Vereinen.
2007, 56 S., ISBN 978-3-928053-85-3

Nr. 32: **Baulücke? Zwischennutzen!** Ein Ratgeber für den Weg von der Brachfläche zur Stadtoase.
2004, 102 S., ISBN 978-3-928053-87-7

Nr. 33: **Eigenmittel erwirtschaften.** Eine Navigationshilfe für gemeinnützige Träger.
2004, 173 S., ISBN 978-3-928053-89-1

Nr. 34: **Klare Worte für Verein & Co.** Besser schreiben – mehr bewirken.
2009 (2. Auflage), 96 S., ISBN 978-3-928053-90-6

Nr. 35: **Bürger machen Haushalt.** Leitfaden für die Gestaltung eines Bürgerhaushaltes in Städten und Gemeinden.
2006, 75 S., ISBN 978-3-928053-92-2

Nr. 36: **Praxishandbuch für sozialraumorientierte interkulturelle Arbeit**
2008, 175 S., ISBN 978-3-928053-95-2

Nr. 37: **Das Planspiel-Buch.** Anregungen und Spiele für Engagierte.
2008, 170 S., ISBN 978-3-928053-96-9

Nr. 38: **Stiftungen nutzen – Stiftungen gründen.** Gemeinschaftsausgabe mit der AG SPAK.
2008, 200 S., ISBN 978-3-928053-99-0

Nr. 39: **Konfliktbearbeitung in der Nachbarschaft.** Sieben Praxisbeispiele für ein friedliches Miteinander aus Deutschland, der Slowakei, den Niederlanden und Frankreich.
2008, 84 S., ISBN 978-3-928053-98-3

Nr. 40: **Planning for Real.** Anleitungen und Praxiserfahrungen.
2010, 148 S., ISBN 978-3-941143-08-1

Nr. 41: **Erfolgreich ins Netz.** Ein Wegweiser zum eigenen Internetauftritt für Vereine, Initiativen und Projekte.
2011, 124 S., ISBN 978-3-941143-09-8

Nr. 42: **Erfolgreich Fördermittel einwerben.** Tipps und Tricks für das Schreiben von Projektanträgen.
2012 (2. Aufl.), 184 S., ISBN 978-3-941143-11-1

Nr. 43: **Wie Stiftungen fördern.** Anregungen aus der Praxis für die Praxis.
2012, ISBN 978-3-941143-12-8

Nr. 44: **Bürgerbeteiligung vor Ort.** Sechs Beteiligungsverfahren für eine partizipative Kommunalentwicklung.
2012, 114 S. , ISBN 978-3-941143-14-2

Nr. 45: **mittenmang dabei!** Bürgerschaftliches Engagement als Chance.
2013, 172 S. , ISBN 978-3-941143-16-6

Nr. 46: **Handbuch Community Organizing.** Theorie und Praxis in Deutschland.
2014, 248 S. , ISBN 978-3-941143-15-9

Nr. 47: **Politische Mediation.**
Prinzipien und Bedingungen gelingender Vermittlung in
öffentlichen Konflikten
2014, 212 S. , ISBN 978-3-941143-17-3

IV. mitarbeiten.skript

Nr. 01: **Engagementförderung bei Jugendlichen mit Migrationshin-
tergrund.** Grundlagen, Praxiserfahrungen, Empfehlungen.
2008, 42 S., ISBN 978-3-941143-00-5

Nr. 02: **Im Fokus: Demokratie und Beteiligung.**
Eine Auswahl von Autorenbeiträgen des
Newsletter Wegweiser Bürgergesellschaft 2008.
2009, 80 S., ISBN 978-3-941143-02-9

Nr. 03: **kultur.macht.partizipation.** Freiwilliges Engagement und
seine Einbindung am Beispiel von Hamburger Kulturinsti-
tutionen und -projekten.
2009, 34 S., ISBN 978-3-941143-03-6

Nr. 04: **Bürgerbeteiligung als Weg zur lebendigen Demokratie.**
2009, 28 S., ISBN 978-3-941143-04-3

Nr. 05: **Runde Tische erfolgreich durchführen.**
2010, 46 S., ISBN 978-3-941143-06-7

Nr. 06: **Zivilgesellschaftliche Netzwerke in der
Sozialen Stadt stärken.**
2010, 48 S., ISBN 978-3-941143-07-4

V. Weitere Publikationen

mitarbeiten. Informationen der Stiftung Mitarbeit, vierteljähr-
liches Mitteilungsblatt

Jahrbuch 2014 der Stiftung Mitarbeit. Bonn 2014, 72 S.

Mehr direkte Demokratie wagen. Volksentscheid und Bürgerentscheid: Geschichte, Praxis, Vorschläge. Olzog Verlag, München
2009, 477 S.